APRENDIZAGEM DE CONCEITOS ESCOLARES E AS TECNOLOGIAS

Editora Appris Ltda.
1.ª Edição - Copyright© 2024 dos autores
Direitos de Edição Reservados à Editora Appris Ltda.

Nenhuma parte desta obra poderá ser utilizada indevidamente, sem estar de acordo com a Lei nº 9.610/98. Se incorreções forem encontradas, serão de exclusiva responsabilidade de seus organizadores. Foi realizado o Depósito Legal na Fundação Biblioteca Nacional, de acordo com as Leis nos 10.994, de 14/12/2004, e 12.192, de 14/01/2010.

Catalogação na Fonte
Elaborado por: Dayanne Leal Souza
Bibliotecária CRB 9/2162

A654a 2024	Aprendizagem de conceitos escolares e as tecnologias / Maria Raquel Miotto Morelatti, Leny Rodrigues Martins Teixeira, Klinger Teodoro Ciríaco (orgs.). – 1. ed. – Curitiba: Appris, 2024. 171 p. : il. ; 23 cm. Vários autores. Inclui referências. ISBN 978-65-250-6970-8 1. Aprendizagem de conceitos. 2. Tecnologia. 3. Pesquisas e práticas pedagógicas. I. Morelatti, Maria Raquel Miotto. II. Teixeira, Leny Rodrigues Martins. III. Ciríaco, Klinger Teodoro. IV. Título. V. Série. CDD – 370.152 3

Livro de acordo com a normalização técnica da ABNT

Appris editora

Editora e Livraria Appris Ltda.
Av. Manoel Ribas, 2265 – Mercês
Curitiba/PR – CEP: 80810-002
Tel. (41) 3156 - 4731
www.editoraappris.com.br

Printed in Brazil
Impresso no Brasil

Maria Raquel Miotto Morelatti
Leny Rodrigues Martins Teixeira
Klinger Teodoro Ciríaco
(org.)

APRENDIZAGEM DE CONCEITOS ESCOLARES E AS TECNOLOGIAS

Appris editora

Curitiba, PR
2024

FICHA TÉCNICA

EDITORIAL	Augusto Coelho
	Sara C. de Andrade Coelho
COMITÊ EDITORIAL	Ana El Achkar (Universo/RJ)
	Andréa Barbosa Gouveia (UFPR)
	Antonio Evangelista de Souza Netto (PUC-SP)
	Belinda Cunha (UFPB)
	Délton Winter de Carvalho (FMP)
	Edson da Silva (UFVJM)
	Eliete Correia dos Santos (UEPB)
	Erineu Foerste (Ufes)
	Fabiano Santos (UERJ-IESP)
	Francinete Fernandes de Sousa (UEPB)
	Francisco Carlos Duarte (PUCPR)
	Francisco de Assis (Fiam-Faam-SP-Brasil)
	Gláucia Figueiredo (UNIPAMPA/ UDELAR)
	Jacques de Lima Ferreira (UNOESC)
	Jean Carlos Gonçalves (UFPR)
	José Wálter Nunes (UnB)
	Junia de Vilhena (PUC-RIO)
	Lucas Mesquita (UNILA)
	Márcia Gonçalves (Unitau)
	Maria Aparecida Barbosa (USP)
	Maria Margarida de Andrade (Umack)
	Marilda A. Behrens (PUCPR)
	Marília Andrade Torales Campos (UFPR)
	Marli Caetano
	Patrícia L. Torres (PUCPR)
	Paula Costa Mosca Macedo (UNIFESP)
	Ramon Blanco (UNILA)
	Roberta Ecleide Kelly (NEPE)
	Roque Ismael da Costa Güllich (UFFS)
	Sergio Gomes (UFRJ)
	Tiago Gagliano Pinto Alberto (PUCPR)
	Toni Reis (UP)
	Valdomiro de Oliveira (UFPR)
SUPERVISORA EDITORIAL	Renata C. Lopes
PRODUÇÃO EDITORIAL	Daniela Nazario
REVISÃO	Camila Dias Manoel
DIAGRAMAÇÃO	Jhonny Alves dos Reis
CAPA	Lívia Weyl
REVISÃO DE PROVA	Bianca Pechiski

PREFÁCIO

Todo livro porta uma história que, em geral, habita as opacidades das itinerâncias do seu autor, mesmo que ela tenha sido tecida nas diversas relações constituídas por este. Todo livro carrega consigo a formação do sujeito como emergência e sintetizada numa história ao mesmo tempo universal e singular.

O pedido de Klinger Teodoro Ciríaco, Leny Rodrigues Martins Teixeira e Maria Raquel Miotto Morelatti, companheiros da área de educação matemática, para que eu escrevesse o prefácio do seu livro, fruto da disciplina **Aprendizagem de Conceitos Escolares e as Tecnologias**, vinculada à Linha de Pesquisa 2, "Processos formativos, ensino e aprendizagem", do Programa de Pós-Graduação em Educação da Universidade Estadual Paulista (UNESP), Faculdade de Ciências e Tecnologia, Presidente Prudente, abriu em minha mente um portal de sentidos e significados que promovam e provoquem práticas sociais contemporâneas, as quais têm sido fortemente marcadas pelas diversidades cultural, linguística e tecnológica, que envolvem, portanto, múltiplos conhecimentos, competências, habilidades e procedimentos na apropriação com as tecnologias.

O desafio de fazer pesquisa em educação e tecnologias nos remete a reflexões sobre as possibilidades e potencialidades desse binário para produzir significados nos processos de ensino e de aprendizagem, dentro e fora da escola, para a reorganização do pensamento relativo às mudanças curriculares, buscando encarar desafios, numa construção coletiva de conhecimento científico.

Organizado em nove capítulos, alicerçados no eixo central já referido, os textos que tecem este livro são resultado de estudos e pesquisas, e trazem significativas contribuições que instigam os leitores a investigar novas abordagens, convidando-os a uma análise crítica acerca da diversidade de áreas do conhecimento e diferentes níveis de ensino, na perspectiva de uma aprendizagem significativa de conceitos.

Além dessa diversidade de tópicos, níveis e preocupações em mostrar a necessidade do binário de aprendizagem de conceitos escolares e tecnologias, nas mais diversas áreas do conhecimento, esta obra também oferece considerações não somente teóricas, mas práticas, possibilitando uma criação dialógica pelas interações entre pensamentos, conceitos, imagens, mídias e ideias, nas quais o sujeito atua de forma consciente com os objetos do conhecimento.

Um bom livro como este sempre causa reflexões. Lendo os capítulos e refletindo sobre a riqueza, aprendi; estimulou-me a pensar sobre outras lacunas de pesquisas que precisam ser preenchidas e que investigadores possam estudar, evidenciando o entendimento de que é urgente repensar as práticas pedagógicas que promovam a aprendizagem de conceitos com os mais diversos artefatos tecnológicos, buscando ajustá-las às necessidades e aos objetivos de cada sujeito, selecionando interfaces e serviços da rede que sejam adequados para determinados propósitos.

Necessita-se de olhares que articulem, por meio das tecnologias, um espaço para o compartilhamento de saberes e experiências, e que facultem aos sujeitos posturas investigativas e multiplicadoras de concepções que permitam exercer uma posição crítica ante a sua realidade, interrogando-a, buscando alternativas teóricas e práticas diante de suas problemáticas.

O potencial pedagógico oferecido pelas tecnologias aos usuários, como acesso à informação, conversação com os sujeitos envolvidos e a liberdade de navegabilidade em tempo e espaço, possibilita, de forma integrada, o desenvolvimento de tarefas, a veiculação de dados, os ajustes às necessidades e aos objetivos de cada um.

Queridos organizadores e autores, estimados colegas, com o meu carinho e reconhecimento, felicito-os pelos escritos. Festejar a chegada de uma obra que nos provoque a fazer da educação um instrumento emancipatório do aprendiz cidadão e não transformá-la em mais um mecanismo de exclusão é ampliar o debate sobre pesquisas de intervenção didática, que invadem os espaços de relações, com a possibilidade de subsidiar diferentes práticas pedagógicas, de forma que seus usuários consigam convertê-los num espaço rico em descobertas por meio da sua interatividade e na interação entre os pares, ao processo de problematização, exploração e definição de conceitos escolares.

Estou certo de que o leitor desfrutará destes escritos e convido à leitura todos os que desejam compreender que o viver e o conviver dos seres humanos nestes ambientes constitui-se na tomada de consciência de que é possível, nesses novos contextos, potencializar o processo de construção do conhecimento que se configura colaborativa e cooperativamente, tornando a aprendizagem mais significativa, interessante, envolvente, atraente e interativa.

Maceió, julho de 2024.
Carloney Alves de Oliveira
Professor do Centro de Educação da Universidade Federal de Alagoas

SUMÁRIO

APRESENTAÇÃO DA PROPOSTA DO LIVRO 9
Os organizadores

1
SIMULAÇÃO VIRTUAL DE CIRCUITO ELÉTRICO SIMPLES E SUAS CONTRIBUIÇÕES PARA A APRENDIZAGEM DE POTÊNCIA ELÉTRICA ... 21
Rosemara Perpetua Lopes, Júlio César David Ferreira

2
MAPAS CONCEITUAIS COMO ESTRATÉGIA PEDAGÓGICA PARA O DESENVOLVIMENTO DE ALGORITMOS................................. 35
Sidinei de Oliveira Sousa, Laízi da Silva Santos, Carlos Willian Zanelato Souza,
Rita de Cássia Boscoli Soler Morete, Clóvis da Silva Santana

3
EXPLORAÇÃO DE CARACTERÍSTICAS DEFINIDORAS DE POLÍGONOS REGULARES VIA LOGO 3.0: UMA INVESTIGAÇÃO COM CRIANÇAS DOS ANOS INICIAIS.. 53
Juliane do Nascimento Mosquini, Klinger Teodoro Ciríaco

4
APRENDIZAGEM DE CONCEITOS GEOMÉTRICOS COM USO DE TECNOLOGIAS: CONTRIBUIÇÕES DE UMA EXPERIÊNCIA NOS ANOS INICIAIS DO ENSINO FUNDAMENTAL 73
Andressa Florcena Gama da Costa

5
ANÁLISE CRÍTICA DA MÍDIA: UMA EXPERIÊNCIA FORMATIVA COM FUTUROS PROFESSORES MEDIADA POR TECNOLOGIAS DIGITAIS.... 89
Analígia Miranda da Silva, Joyce Galdino Gomes, Thaisa Sallum Bacco

6
USO DE UM AMBIENTE DE PROGRAMAÇÃO ASSOCIADO À TEORIA DE APRENDIZAGEM SIGNIFICATIVA NO ENSINO DE FUNÇÕES TRIGONOMÉTRICAS 105
Maria Cecília Fonçatti

7
A GAMIFICAÇÃO NA APRENDIZAGEM DE CONCEITOS LITERÁRIOS 121
Carina Mendes Barboza

8
A APRENDIZAGEM DO CONCEITO DE ÉTICA MEDIANTE AS FERRAMENTAS DA WEB 2.0 137
Aletheia Machado de Oliveira, Marciana María Córdoba Mercado, Patrícia Regina de Souza

9
O ENSINO E APRENDIZAGEM DOS CONCEITOS DE ÁREA RURAL E URBANA EM ALUNOS DOS ANOS INICIAIS DO ENSINO FUNDAMENTAL: O USO DA PLATAFORMA WORDWALL 151
Alexandra Rocha Okidoi Felipe

SOBRE OS AUTORES 167

APRESENTAÇÃO DA PROPOSTA DO LIVRO

Ensinar é atividade definidora da profissão docente. A formação de professores é atravessada por muitos aspectos de natureza sociopolítica, econômica e emocional que afetam a competência para ensinar.

Para Rios (2001), a competência profissional do professor abarca dimensões de natureza técnica, estética, ética e política. A dimensão técnica, mais visível no processo de ensinar, refere-se ao conjunto de habilidades para execução de uma atividade ou exercício de um ofício. Dessa forma, supõe avanço tecnológico, no sentido de que as ações criadas para enfrentar os problemas da profissão requerem encontrar novas formas de ação e uso de meios diversificados.

A dimensão técnica, portanto, não é mero uso de ferramentas, mas supõe um aspecto criador, sem o que corre-se o risco de produzir uma educação tecnicista, de submissão acrítica a modelos e ausência de reflexão.

Ainda, segundo Rios (2001), para uma prática docente consistente não é suficiente dominar informações e utilizar alguns procedimentos de ensino. Mais do que isso, é preciso compreender que dominar informações não é uma ação mecânica, senão envolve um conhecimento dos aspectos epistemológicos do conceito a ser ensinado. O domínio desse conhecimento passa a ser um determinante do método de ensino.

A dimensão técnica da competência deve ser complementada por outras dimensões, como a estética, a ética e a política. Sendo assim, ensinar requer autonomia para pensar e criar, reflexões sobre o processo e objetivos do ensino, compromisso com valores que priorizem o desenvolvimento integral dos alunos, e com formas mais eficientes de propiciar esse desenvolvimento de forma coletiva.

Ensinar, portanto, não significa usar procedimentos que transmitem informações, as quais podem ser reproduzidas pelo aluno em novas situações.

Para Roldão (2007, p. 95), ensinar configura-se, essencialmente, como a "especialidade de fazer compreender alguma coisa a alguém". Em outras palavras, se o aluno não aprendeu, não houve ensino. Por outro lado, essa forma de ver o ensino traz à tona uma outra questão, ou seja, *o que é aprender?*

Há muitos elementos na conceituação de aprendizagem, dependendo das variações teóricas. No entanto, há um aspecto comum que atravessa todas as abordagens, relacionado ao fato de que aprender supõe, em diferentes níveis, aquisição e mudança de comportamento (Pozo, 2005). Outro ponto convergente é que a aprendizagem não se limita aos aspectos contingenciais e associativos do conhecimento, mas envolve construção e compreensão com base em um contexto cultural.

A próxima pergunta inevitável é: *como ensinar para obter bons resultados?* A resposta, no entanto, é difícil, sobretudo considerando a complexidade da sociedade atual, perpassada pela cultura digital, pela qual podemos aprender em qualquer tempo e lugar e com uma diversidade de situações e pessoas (Almeida; Valente, 2012).

Moran (2015) propõe um modelo inovador de ensino baseado em atividades desafiadoras, situações-problema, projetos e jogos permeadas por atividades coletivas, nas quais os alunos aprendem uns com os outros. Essa abordagem de ensino, denominada pelo autor como "metodologias ativas", salienta a contribuição das tecnologias digitais para mudanças substanciais no processo de ensino.

Valente (2005) aponta que as Tecnologias Digitais de Informação e Comunicação (TDIC) podem criar as condições para a construção e compreensão do conhecimento pelo aluno, possibilitando superar o ensino tradicional, que sobrevive nas nossas salas de aula. O uso das TDIC deve obedecer a uma espiral de aprendizagem, que cria condições para "estar junto" do aluno, acompanhando-o e auxiliando-o a enfrentar novas situações de aprendizagem. A espiral de aprendizagem, descrita pelo autor, prevê ciclos de atividades realizadas pelo aluno com o uso do computador, envolvendo: identificação do problema, formulação de explicações, elaboração de questões, busca de novas informações, construção de significados e avaliação do processo.

Cabe ressaltar que a grande vantagem de vivenciar esses ciclos, além do uso de múltiplos recursos da tecnologia, é a garantia da realização de registros da execução das atividades, permitindo que o aluno e o professor examinem tais registros e possam identificar acertos e erros no processo, refletindo sobre eles. Esse movimento que a espiral da aprendizagem permite torna possível a metacognição, processo imprescindível para um aprendizado significativo.

Em que pesem todas as vantagens que as tecnologias digitais possibilitam, o seu uso não é uma panaceia. Pelo contrário, exige critérios bastante específicos para a sua escolha, que, se não observados, podem comprometer a aprendizagem, reproduzindo um ensino tradicional, ainda que com ares de modernidade.

Ancorando-se nestas ideias e nos seus fundamentos, foi proposta em 2008 pelas professoras Leny Rodrigues Martins Teixeira e Maria Raquel Miotto Morelatti a disciplina **Aprendizagem de Conceitos Escolares e as Tecnologias**, vinculada à Linha de Pesquisa 2, "Processos formativos, ensino e aprendizagem", do Programa de Pós-Graduação em Educação da Universidade Estadual Paulista (PPGE/UNESP), Faculdade de Ciências e Tecnologia (FCT), Presidente Prudente.

A disciplina apresenta como ementa discutir a natureza dos diferentes conceitos trabalhados na escola, tendo em vista algumas vertentes teóricas, enfocando a questão das tecnologias, seus limites e possibilidades, como forma de potencializar uma prática docente voltada para uma aprendizagem mais significativa.

Para tanto, seus objetivos estão relacionados aos fundamentos dos dois eixos do curso: 1. Aprendizagem de conceitos; e 2) Uso de tecnologias. São eles:

- Promover o aprofundamento e a discussão sobre o processo de construção de conceitos escolares, assim como as diferentes abordagens que o sustentam;
- Identificar os elementos que influenciam o desenvolvimento de conceitos;
- Diferenciar a natureza dos conceitos de acordo com as diversas áreas do conhecimento;
- Analisar os fundamentos teóricos relacionados ao uso das tecnologias no ensino e no processo de aprendizado;
- Examinar e discutir os impactos das Tecnologias da Informação e Comunicação (TIC) na construção de significados;
- Facilitar a reflexão sobre a escolha, análise e uso de softwares e da internet no contexto educacional;
- Refletir sobre a prática docente como mediadora do desenvolvimento de conceitos e o uso das tecnologias.

A programação da disciplina em relação ao **eixo 1**, Aprendizagem de conceitos, pautou-se no desenvolvimento de três pontos:

1. Diferentes concepções sobre conceitos (clássica, prototípica e teórica). Na perspectiva teórica, considerada a mais abrangente, foi analisada a classificação de Keil (1989 *apud* Lomônaco *et al.*, 1996), que os apresenta como naturais, nominais e artefatos, conforme citado nos trabalhos de Lomônaco *et al.* (1996) no Brasil. A aprendizagem para esses autores se realiza quando da diferenciação entre aspectos característicos e definidores de conceitos. Foram também discutidas as diferenças entre os conceitos conforme as áreas de conhecimento (ciências experimentais, sociais e matemática) (Pozo, 1998);

2. Abordagens cognitivistas que dão base para entender a formação de conceitos (Piaget, Vygotsky e Ausubel). Esses autores, em tese, também identificam aspectos envolvidos na formação de conceitos similares aos apresentados por Keil (1989), embora identificados com outra nomenclatura: aspecto contingente e necessário, para Piaget (1971); complexos e conceitos abstratos, para Vygotsky (1998); substantivo e arbitrário, para Ausubel (1980). Apesar dessas semelhanças, Keil (1989 *apud* Lomônaco *et al.*, 1996) advoga que os conceitos se formam em momentos diferentes e em domínios distintos do conhecimento, enquanto os demais consideram que as mudanças têm um caráter global, o que possibilita o desenvolvimento de um nível para outro em todas as atividades cognitivas;

3. Algumas aplicações para o ensino de conceitos propostos por tais teorias com o objetivo de fornecer subsídios para a intervenção didática prevista como forma de avaliação do curso.

Já o **eixo 2** do programa da disciplina, referente a Uso das tecnologias, baseou-se nos seguintes pontos:

1. Reflexão sobre as possibilidades de uso de TDIC no processo ensino e aprendizagem. Para tanto, foram apresentadas diferentes concepções pedagógicas, com foco na abordagem construcionista, na qual a aprendizagem se dá por meio do fazer, ou seja, quando o aluno está engajado em uma atividade de resolução de problema com tecnologia. A interação aluno-computador

acontece por meio de um ciclo contínuo de ações "descrição-execução-reflexão-depuração", denominado espiral da aprendizagem (Valente, 1993, 2005);

2. Exploração e análise de diferentes modalidades de softwares, aplicativos e ambientes virtuais à luz da espiral da aprendizagem. Discutiu-se, ainda, mediação pedagógica e o uso de TDIC como forma de potencializar uma prática docente voltada para uma aprendizagem mais significativa de conceitos escolares.

A metodologia de ensino contemplou vários procedimentos: aulas expositivas, seminários individuais e/ou em grupos, discussão e sistematização das leituras indicadas, seleção e análise de softwares educacionais, aplicando a teoria estudada, elaboração e desenvolvimento de um projeto de trabalho (intervenção didática) junto a alunos do ensino fundamental e/ou médio, utilizando software educacional escolhido com base na análise realizada.

A avaliação do curso foi realizada levando-se em conta a elaboração de sínteses das leituras postadas em um ambiente virtual de aprendizagem (Moodle), apresentação de seminários e o relatório científico do projeto de intervenção didática desenvolvido, conforme fundamentado por Damiani *et al.* (2013).

O desenvolvimento da disciplina **Aprendizagem de Conceitos Escolares e as Tecnologias**, ao longo destes anos, possibilitou a realização de vários trabalhos que servem de ilustração do esforço em mostrar a necessidade de usar as tecnologias não como recurso independente, mas com a clareza de que elas são dispositivos a serviço de um processo de ensino e aprendizagem mais comprometido com a compreensão dos conceitos trabalhados na escola. A articulação do ensino e aprendizagem e o uso das tecnologias é uma tarefa necessária, porém nada fácil. De fato, a escolha da tecnologia só será efetiva, se estiver articulada ao domínio histórico-epistemológico, e não apenas teórico, dos conceitos.

Os trabalhos realizados na disciplina constituem, portanto, a efetivação desse esforço e representam exemplos a outras investigações e práticas docentes, para o que é fundamental a sua publicação.

Além disso, a produção acadêmica carece de publicações que exemplifiquem o uso das TDIC como meio para uma aprendizagem significativa de conceitos, na vertente aqui proposta.

Embora muitos trabalhos tenham sido realizados ao longo da disciplina, por questões técnicas, para o presente livro, apenas alguns foram selecionados, procurando atender à diversidade de áreas do conhecimento e diferentes níveis de ensino.

A coletânea está organizada em nove capítulos, seguindo a ordem cronológica de oferta da disciplina no Programa de Pós-Graduação em Educação da FCT/UNESP, no período de 2008 a 2022.

Assim, no primeiro capítulo "**Simulação virtual de circuito elétrico simples e suas contribuições para a aprendizagem de potência elétrica**", de autoria de *Rosemara Perpetua Lopes & Júlio César David Ferreira*, é relatada uma atividade experimental de Física realizada junto a uma turma do terceiro ano do ensino médio em uma escola pública situada na região de São José do Rio Preto/SP que utilizou a montagem de circuitos elétricos simples reais e virtuais. Para a montagem do circuito real, a intervenção adotou uma situação de aprendizagem descrita em um material didático distribuído pela Secretaria de Educação do Estado de São Paulo às escolas públicas em 2008. Para a montagem do circuito virtual, recorreu ao software de simulação Circuit Construction Kit, criado e disponibilizado gratuitamente pelo Physics Education Technology (PhET).

O capítulo seguinte, escrito por *Sidinei de Oliveira Sousa, Laízi da Silva Santos, Carlos Willian Zanelato Souza, Rita de Cássia Boscoli Soler Morete & Clóvis da Silva Santana*, intitulado "**Mapas conceituais como estratégia pedagógica para o desenvolvimento de algoritmos**" (de 2008), objetiva verificar a contribuição dos mapas conceituais criados no software Cmap Tools como recurso para compreensão do domínio de um conceito e na organização das ideias para descrever uma solução algorítmica a um dado problema desse domínio. O domínio utilizado foi uma transação comercial de venda de um bem ou serviço e suas implicações em termos de desenvolvimento de um programa que contemplou os atributos essenciais e característicos de uma venda. Para tanto, foram utilizadas técnicas como discussão diagnóstica em sala de aula, entrevista clínica com os estudantes, exposição de conceitos, apresentação de vídeo e questionário. A intervenção foi realizada com estudantes da disciplina de Programação de Computadores II de um curso técnico em Informática.

Em "**Exploração de características definidoras de polígonos regulares via Logo 3.0: uma investigação com crianças dos anos iniciais**", terceiro capítulo, *Juliane do Nascimento Mosquini & Klinger Teodoro*

Ciríaco trazem um estudo exploratório que intencionou articular a aprendizagem de conceitos escolares, especificamente de polígonos regulares, com a tecnologia em uma turma de quinto ano do ensino fundamental no município de Pompéia/SP, durante o ano letivo de 2010. Objetivaram propiciar aos alunos a compreensão de características do conceito de polígonos valendo-se da exploração de um ambiente construcionista. Para tanto, recorreram à utilização do software Super Logo 3.0. Os dados foram produzidos em aulas de Matemática e no laboratório de informática, momentos em que foram explorados os conceitos de polígonos e de polígonos regulares.

O quarto capítulo, "**Aprendizagem de conceitos geométricos com uso de tecnologias: contribuições de uma experiência nos anos iniciais do ensino fundamental**", escrito por *Andressa Florcena Gama da Costa*, compartilha dados de um projeto de intervenção com uso de tecnologias, desenvolvido no ano de 2012, em uma escola municipal da cidade de Presidente Prudente/SP. O foco foi compreender o processo de construção dos conceitos de figuras geométricas bi e tridimensionais, utilizando o software Poly.

No quinto capítulo, "**Análise crítica da mídia: uma experiência formativa com futuros professores mediada por tecnologias digitais**", *Analígia Miranda da Silva, Joyce Galdino Gomes & Thaisa Sallum Bacco* refletem acerca do planejamento e implementação de um processo formativo direcionado a futuros professores sobre o conceito de mídia-educação. Tal conceito se ancora na dimensão da análise crítica da mídia com o uso das TDIC, especialmente das ferramentas da web 2.0. Foram participantes 32 alunos do quarto ano do curso de licenciatura em Matemática da FCT/UNESP do ano letivo de 2012. Neste estudo, as tecnologias digitais foram tomadas como instrumentos mediadores no processo de ensino e aprendizagem. Os dados analisados foram produzidos durante o processo formativo por meio de atividades direcionadas, constituindo-se também de processo reflexivo para os alunos participantes da pesquisa.

Maria Cecília Fonçatti é autora do sexto texto, "**Uso de um ambiente de programação associado à teoria de aprendizagem significativa no ensino de funções trigonométricas**". Neste capítulo, é apresentada, discutida e analisada uma atividade realizada com os alunos matriculados na disciplina de Cálculo 1 do curso de licenciatura em Física da FCT/UNESP, em 2017. O objetivo foi promover a aprendizagem sobre o significado das constantes reais a e b nas funções trigonométricas do tipo $f(x) = a \cdot sin(bx)$ por meio da visualização e análise do comportamento dos gráficos de tais funções, que foram plotados utilizando o software de programação Scilab. Além da análise dos gráficos plotados no software, buscou-se relacionar as funções trigonométricas com o gráfico de ondas como forma de se aproximar dos conceitos físicos.

O sétimo capítulo, "**A gamificação na aprendizagem de conceitos literários**", de *Carina Mendes Barboza*, discute a mediação docente no processo de aprendizagem do conceito do movimento literário do Realismo, com aporte do software Kahoot, junto a estudantes do segundo ano do ensino médio de uma escola pública em 2019. Com essa intervenção, a autora objetivou acompanhar o processo de aquisição do conceito, o planejamento, as pesquisas, a setorização das informações, a formulação das questões, a concretização e execução do jogo, e a discussão final por parte dos alunos sobre o procedimento e o conceito aprendido.

Também na oferta da disciplina de 2019, as autoras *Aletheia Machado de Oliveira, Marciana María Córdoba Mercado & Patrícia Regina de Souza*, no oitavo texto, "**A aprendizagem do conceito de ética mediante as ferramentas da web 2.0**", refletem sobre ética na docência, bem como sobre a aprendizagem do conceito de ética, conforme a diferenciação entre ética e moral. O processo interventivo foi baseado na metodologia da engenharia didática e com tecnologias digitais da informação e comunicação como mediadoras da aprendizagem: Jamboard, Blogger, Glogster e mídias audiovisuais. Participaram 31 alunos licenciandos em Matemática, Física e Química da FCT/UNESP.

Por fim, em 2022, *Alexandra Rocha Okidoi Felipe*, em "**O ensino e aprendizagem dos conceitos de área rural e área urbana em alunos dos anos iniciais do ensino fundamental: o uso da plataforma *Wordwall***", descreve uma intervenção didática realizada com objetivo de investigar o ensino e aprendizagem dos conceitos de zona rural e de zona urbana. Participaram da proposta crianças de 6 a 8 anos de idade de uma turma do primeiro ano da rede municipal de ensino do estado de Mato Grosso do Sul. Para tanto, em termos operacionais, a autora recorreu ao recurso tecnológico da plataforma Wordwall. A pesquisa justifica-se pela importância de se trabalhar o ensino e aprendizagem de conceitos, no caso, da disciplina de Geografia, desde os primeiros anos de escolarização. Em termos metodológicos, pautada na abordagem qualitativa, foi realizada uma intervenção didática que incluiu atividades práticas (como plantio), debates sobre a experiência, registro dos significados dos alunos a respeito da zona rural e zona urbana. A plataforma Wordwall foi utilizada para uma atividade interativa de classificação das imagens relacionadas às áreas urbana e rural.

Em todas as pesquisas de intervenção didática destacadas ao longo dos capítulos que integram a presente obra, identificamos que a tecnologia foi elemento fundamental ao processo de problematização, exploração e definição de conceitos escolares. Desse modo, sua adoção, nas práticas pedagógicas vivenciadas de modo investigativo contribuiu para o desenvolvimento e aprendizagem nos diferentes contextos de ensino.

Contudo, de nada adiantará o uso de TDIC, se o professor não tiver conhecimentos específicos do conteúdo que irá lecionar, uma vez que a mediação pedagógica é crucial para a compreensão conceitual por parte dos estudantes. Neste sentido, torna-se essencial termos intencionalidade nas ações empreendidas em sala de aula. Tais ações precisam ainda levar em consideração o contexto, ou seja, na perspectiva de experienciar a diversidade de conceitos presentes no currículo escolar, a abordagem recorrida pelo docente implica maior possibilidade de êxito no que se espera do aprendiz.

O contexto "é o mundo apreendido através da interação e o quadro de referência mais imediata para atores mutuamente envolvidos" (Graue; Walsh, 2003, p. 25), sendo este diretamente ligado às interações professor-aluno-tecnologia na mediação pedagógica em ambientes de aprendizagem construcionista.

Ao longo dos nove capítulos do livro, é possível evidenciar a compreensão dos aspectos citados permeados pela abordagem construcionista no tratamento do ensino e aprendizagem de uma diversidade de conceitos.

Em termos do potencial, conforme as pesquisas dos estudantes da disciplina Aprendizagem de Conceitos Escolares e as Tecnologias, fica evidente a necessidade de domínio do conhecimento histórico-epistemológico dos conceitos como base para o trabalho com as TDIC nas escolas, que preze pela análise crítica, planejamento, validação e sistematização de resultados.

Sobre os limites, não temos a pretensa defesa de que a tecnologia resolverá alguns dos vários problemas que perpassam o ensino e aprendizagem na escola, mas sabemos que seu uso crítico possibilita a construção de uma forma de pensar mais investigativa, por parte do aprendiz. Em outras palavras, a exploração dos aspectos histórico-epistemológico dos conceitos é o ponto de partida para orientar a escolha das tecnologias. Ou seja, a adoção de práticas acríticas com TDIC pouco contribui para vivenciar a demanda da cultura digital. Por isso, a relação entre aprendizagem de conceitos e as tecnologias na perspectiva defendida no livro apresenta-se com potencial rico e promissor a ser explorado e, para isso, precisamos avançar no campo da formação (inicial e continuada) de profissionais da educação.

Finalizamos a apresentação da obra agradecendo o apoio que será obtido para publicação, caso sejamos contemplados:

O presente livro foi realizado com apoio da Coordenação de Aperfeiçoamento de Pessoal de Nível Superior – Brasil (CAPES) – Código de Financiamento 001. Modalidade: Programa PROAP da Capes (Nº do Auxílio: 0283/2021| Nº do Processo: 88881.638992/2021-01).

Os organizadores

Referências

ALMEIDA, M. E. B.; VALENTE, J. A. A integração currículo e tecnologias e a produção de narrativas digitais. **Currículo sem Fronteiras**, São Paulo, v. 12, n. 3, p. 57-82, set./dez. 2012. Disponível em: http://www.waltenomartins.com.br/pmd_aula1_art01.pdf. Acesso em: 5 abr. 2024.

AUSUBEL, D. P.; NOVAK, J. D.; HANESIAN, H. **Psicologia educacional**. 2. ed. Rio de Janeiro: Interamericana, 1980.

DAMIANI, M. F. *et al.* Discutindo pesquisas do tipo intervenção pedagógica. **Cadernos de Pesquisa**, Rio de Janeiro, n. 45, p. 57-67, 2013. Disponível em: https://revistas.ufpel.edu.br/index.php/educacao/article/view/4177/3463. Acesso em: 6 abr. 2024.

GRAUE, E.; WALSH, D. **Investigação etnográfica com crianças**: teorias, métodos e ética. Tradução de Ana Maria Chaves. Lisboa: Fundação Calouste Gulbenkian, 2003.

LOMÔNACO, J. F. B. *et al.* Do característico ao definidor: um estudo exploratório sobre o desenvolvimento de conceitos. **Psicologia**: Teoria e Pesquisa, Brasília, v. 12, n. 1, p. 51-60, jan./abr. 1996.

MORAN, J. Mudando a educação com metodologias ativas. *In*: SOUZA, C. A.; MORALES, O. E. T. (org.). **Coleção mídias contemporâneas**: convergências midiáticas, educação e cidadania. Aproximações jovens. Ponta Grossa: Foca Foto-PROEX/UEPG, 2015. v. 2. p. 23-45. Disponível em: https://www2.uepg.br/proex/midias-contemporaneas-convergencias-midiaticas-educacao-e-cidadania-aproximacoes-jovens-volume-ii/. Acesso em: 13 mar. 2024.

PIAGET, J. Aprendizagem e desenvolvimento. *In*: PANCELLA, J. R.; NESS, J. S. V. **Studying teaching**. Englewood Cliffs, NJ: Prentice Hall, 1971. (Texto traduzido). p. 30-45.

POZO, J. I. (org.). **A solução de problemas**: aprender a resolver, resolver para aprender. Porto Alegre: Artes Médicas, 1998.

POZO, J. I. **Aquisição de conhecimento**. Porto Alegre: Artmed Editora, 2005.

RIOS, T. A. **Compreender e ensinar**: por uma docência melhor. São Paulo: Cortez, 2001.

ROLDÃO, M. C. Função docente: natureza e construção do conhecimento profissional. **Revista Brasileira de Educação**, Rio de Janeiro, v. 12, n. 14, p. 94-105, jan./abr. 2007. Disponível em: https://www.scielo.br/j/rbedu/a/XPqzwvYZ7Yx-TjLVPJD5NWgp/?format=pdf&lang=pt. Acesso em: 3 abr. 2024.

VALENTE, J. A. **A espiral de aprendizagem**: o processo de compreensão do papel das tecnologias de informação e comunicação na educação. Campinas: [s. n.], 2005.

VIGOTSKY, L. S. Um estudo experimental da formação de conceitos. *In*: VIGOTSKY, L. S. **Pensamento e linguagem**. São Paulo: Martins Fontes, 1998. p. 45-70.

SIMULAÇÃO VIRTUAL DE CIRCUITO ELÉTRICO SIMPLES E SUAS CONTRIBUIÇÕES PARA A APRENDIZAGEM DE POTÊNCIA ELÉTRICA[1]

Rosemara Perpetua Lopes
Júlio César David Ferreira

1 Introdução

A aprendizagem de conceitos escolares é objeto de estudos de Ausubel, Novak e Hanesian (1980). Baseados em sua teoria da aprendizagem significativa, especificamente na utilização de organizadores prévios como elementos mediadores situados entre aquilo que o aluno já sabe (conhecimento prévio) e aquilo que se espera que ele aprenda (Moreira, 1985), planejamos uma atividade prática sobre o conceito de potência elétrica e a desenvolvemos em uma escola da rede pública da região de São José do Rio Preto, estado de São Paulo. Desse modo, buscamos responder à seguinte questão: *que contribuições pode ter a tecnologia para a aprendizagem de conceitos escolares?*

Nesse intuito, propusemos a um professor de Física da referida escola desenvolver uma atividade prática, descrita no *Caderno do professor "Ciências da Natureza e suas Tecnologias: Física"* para o ensino médio/ terceiro ano/primeiro bimestre de 2008 como situação de aprendizagem real e virtual envolvendo circuitos elétricos. Mediante a concordância e a colaboração desse professor, que, formado em Matemática, lecionava Física, e da escola, a atividade foi realizada.

Neste trabalho, apresentamos as premissas e os objetivos que nortearam as práticas desenvolvidas na escola, com o professor de Física e seus alunos, assim como os resultados das dinâmicas, de modo a refletir

---

[1] Este trabalho foi produzido na disciplina Aprendizagens de Conceitos Escolares e as Tecnologias, ministrada pelas professoras doutoras Maria Raquel Miotto Morelatti e Leny Rodrigues Martins Teixeira, no curso de mestrado do PPGE/FCT/UNESP, no primeiro semestre de 2008.

sobre o encaminhamento de uma proposta cuja finalidade maior foi promover a articulação entre tecnologia computacional e aprendizagem escolar, sob a premissa de que é possível utilizar mecanismos, estratégias e ferramentas pedagógicas diferenciadas, no caso, as computacionais, como facilitadores da aprendizagem, enquanto processo que implica a formação de conceitos pelo sujeito aprendiz.

Ministrar uma aula "interessante" aos alunos não é tarefa fácil, especialmente quando a matéria é Física. Da seleção de conteúdos à forma de encaminhamento, as dificuldades se multiplicam, tornando a aprendizagem distante e a Física praticamente inacessível à maioria dos alunos, num cenário em que compreensão e memorização de conceitos não se coadunam.

A aprendizagem de Física é dificultada por conceitos quase "indecifráveis" aos olhos de muitos estudantes. Numa situação de ensino tipicamente instrucionista (Papert, 1994), o aluno pode não conseguir visualizar mentalmente fenômenos que o professor descreve oralmente com palavras ou graficamente com desenhos e letras na lousa. Nesse caso, as simulações virtuais, com seus movimentos, cores e formas, podem gerar resultados que o professor não conseguiria utilizando apenas figuras estáticas desenhadas no quadro-negro, ressalvadas as suas limitações (Medeiros; Medeiros, 2002).

O ensino de Física para alunos da escola pública é orientado pelos Parâmetros Curriculares Nacionais para o Ensino Médio (PCNEM) (Brasil, 2000). De acordo com este documento, a Física: tem uma maneira própria de lidar com o mundo, expressando-se, sobretudo, na busca de regularidades, na conceituação e quantificação de grandezas, na investigação dos fenômenos; desenvolveu uma linguagem própria para seus esquemas de representações, composta de símbolos e códigos específicos que sinalizam um saber conceitual; requer identificação de grandezas físicas correspondentes a situações dadas e conhecimento para o emprego de símbolos, como os de vetores ou os de circuitos, quando necessário. Uma das competências e habilidades previstas no PCNEM para o ensino de Física é conhecer e utilizar conceitos físicos, compreendendo e utilizando leis e teorias físicas.

Esses mesmos Parâmetros orientam que é preciso ajudar o aluno a construir uma visão da Física, de tal maneira que ele seja capaz de "compreender, intervir e participar da realidade", não se restringindo à memorização de fórmulas e à resolução mecânica de exercícios. Nesta linha, apontam a necessidade de o professor oferecer aos alunos situações que mostrem a Física presente no cotidiano deles, permitindo, assim, a construção de significados (Brasil, 2000). Para a área de Ciências da Natureza e suas Tecnologias, a Base Nacional Comum Curricular (BNCC) propõe "aprofundamento conceitual nas temáticas Matéria e Energia, Vida e Evolução e Terra e Universo", consideradas "essenciais para que competências cognitivas, comunicativas, pessoais e sociais possam continuar a ser desenvolvidas e mobilizadas na resolução de problemas e tomada de decisões" (Brasil, 2017, p. 538).

Nesses termos, o objetivo geral do presente trabalho consistiu em abordar o conceito de potência elétrica, assim como grandezas correlatas, como tensão e corrente elétrica, utilizando estratégias didáticas desenvolvidas em tempos e espaços diferenciados, quais sejam, o real e o virtual. Foram objetivos específicos: apresentar ao professor de Física simulações computacionais como ferramenta de apoio pedagógico ao processo de ensino e aprendizagem; comparar a realização de uma situação de aprendizagem em meios distintos, de modo a apontar em qual deles houve maior interação dos discentes, atribuindo ao termo "interação" o sentido de relações estabelecidas entre o aluno e o meio em determinado contexto.

2 Referencial teórico

Os pressupostos teóricos que fundamentaram o trabalho aqui dizem respeito à aprendizagem de conceitos, com enfoque em potência elétrica, tensão e corrente elétrica, e simulações computacionais no ensino.

2.1 A aprendizagem de conceitos escolares

Nos dias atuais, o professor tem opções metodológicas para a realização de sua prática educativa. Recursos tecnológicos como o computador e a internet podem facilitar seu trabalho e, ao mesmo tempo, potencializar a aprendizagem significativa do aluno, assumindo a função dos "organizadores prévios", segundo referem Ausubel, Novak e Hanesian (1980).

O aluno hoje tem um perfil diferenciado, vive na época das redes sociais, canais do YouTube, *podcast*, smartphone etc., em meio a fontes de informação variadas e de fácil acesso. Enquanto educadores, nós precisamos aproveitar a familiaridade que crianças e jovens têm com as Novas Tecnologias de Informação e Comunicação (NTIC), pois, embora não tenham demonstrado toda a sua "eficácia pedagógica", os artefatos tecnológicos estão cada vez mais presentes na vida de crianças e jovens, constituindo o seu conhecimento de mundo (Belloni, 1999).

Nesse cenário, a ideia principal não é usar tecnologias para resolver "o problema da educação", mas para mudar o relacionamento das crianças com o conhecimento (Papert, 1994). Conforme Baranauskas *et al.* (1999, p. 76), "[...] o uso da Internet representa o ponto mais avançado da aplicação das novas tecnologias para fins educativos, não apenas no sentido de *hardware* e *software*. Ela pode ser vista como um enorme supermercado de informações".

Para além dos sentimentos de amor e ódio que despertam no meio educacional, as Tecnologias de Informação e Comunicação (TIC) conquistam espaço no cenário mundial, modelando-o, impondo novos ritmos, criando possibilidades, gerando a necessidade de profissionais com perfis diferenciados para atuar numa sociedade globalizada.

Neste trabalho optamos por abordar o conceito de potência elétrica, por meio de práticas experimentais de montagem de circuitos elétricos simples. Contribuiu para esta escolha a dificuldade de o aluno entender um fenômeno que não está visível a olho nu: o que vemos é tão somente a luz gerada por uma corrente elétrica que, por sua vez, é gerada por uma ou mais pilhas. Trata-se, assim, de um conceito cuja aprendizagem requer mais do que aulas expositivas e memorização, cuja aprendizagem impõe o desafio de distinguir o que é definidor do que é característico (Lomônaco *et al.*, 1996). Concebemos "taxa de transferência de energia por tempo" como atributo definidor do conceito de potência elétrica, adotando tensão, corrente elétrica e luminosidade da lâmpada como atributos característicos. Nosso enfoque recai sobre a potência envolvida em circuitos elétricos, ou seja, a potência elétrica.

O funcionamento dos aparelhos elétricos pode ser entendido em função de quatro grandezas principais, indicadas pelas letras — **P** (Potência), **I** (Corrente), **R** (Resistência) e **U** (Tensão Elétrica) —, cujas unidades e relações são mostradas no Quadro 1.1. Circuitos com lâmpadas ligadas em série e em paralelo podem ser utilizados para verificar valores obtidos com **P=UI**, e o brilho (intensidade luminosa) da lâmpada varia de acordo com a configuração do circuito montado.

Quadro 1 – Unidade de medida das grandezas elétricas e respectivos símbolos

GRANDEZA ELÉTRICA		UNIDADE NO SI	
Nome	Símbolo	Nome	Símbolo
Corrente	I	Ampère	A
Resistência	R	Ohm	W
Tensão	U=RI	Volt	V
Potência	P=UI	Watt	W

Fonte: Khan Academy[2]

Existe corrente elétrica quando portadores de cargas elétricas (positivos ou negativos) se movimentam numa direção preferencial em relação às demais. Trata-se, assim, de um fenômeno associado ao movimento ordenado de carga elétrica, sendo o potencial elétrico responsável por esse movimento ordenado.

Há dois tipos de corrente elétrica: contínua, gerada por pilhas e baterias; alternada, gerada por usinas que transformam energia. As correntes contínuas são constantes com o tempo, já as alternadas variam periodicamente no tempo. A direção de uma corrente é a mesma dos portadores de cargas elétricas. Seu sentido é contrário ao do movimento dos elétrons.

Então, corrente elétrica é carga elétrica em movimento ordenado. A carga elétrica é uma propriedade da matéria constituída por átomos. O átomo consiste em um núcleo, ao redor do qual giram elétrons (carga negativa). No núcleo há prótons (carga positiva) e nêutrons (não têm carga). As cargas elétricas são reconhecidas pelos sinais (–) e (+). Cargas de mesmo sinal se repelem; cargas de sinais contrários se atraem. Existe eletricidade porque há carga elétrica. A corrente surge do movimento ordenado de cargas. Para haver este movimento, é preciso haver a ação de uma força sobre elas. Esta ação acontece quando existe uma tensão elétrica entre dois pontos. Se estes pontos estiverem ligados por um condutor, as cargas se deslocam do ponto de maior potencial para o de menor potencial (semelhante a um objeto que cai sob a ação do potencial gravitacional da Terra).

---

[2] Disponível em: https://pt.khanacademy.org/science/physics/circuits-topic/circuits-resistance/a/ee-voltage-and-current. Acesso em: 15 abr. 2022.

2.2 Simulações computacionais no ensino

Utilizadas para fins escolares, as tecnologias podem ser vistas como mecanismo de motivação à aprendizagem, desde que devidamente utilizadas na construção do conhecimento. Entendemos que a utilização do computador pode dinamizar o processo de ensino e aprendizagem escolar, tornando-o mais interativo e, consequentemente, mais profícuo. O elevado número de reprovações em Física, o fato de ser a Física uma ciência experimental com leis expressas por equações diferenciais e fórmulas, o uso de métodos tradicionais inadequados no ensino de seu conteúdo e a necessidade de criar condições para que o aluno desenvolva suas capacidades cognitivas justificam o uso do computador como ferramenta no processo de ensino e aprendizagem das ciências físicas (Fiolhais; Trindade, 2003).

De acordo com Valente (1993, p. 24), "o computador pode enriquecer ambientes de aprendizagem onde o aluno, interagindo com os objetos desse ambiente, tem chance de construir o seu conhecimento". Na ausência de recursos que proporcionem um grau de interação mais elevado entre o aluno e o computador, como ocorre nas modelagens computacionais e nos softwares de programação, nas simulações virtuais, especialmente as classificadas por Valente (1999) como abertas, por promoverem maior interação do aluno com o computador, tais recursos colocam-se como opção a professores que ainda hoje desenvolvem suas aulas somente com recursos como lousa, giz e voz.

As simulações pertencem ao grupo dos ambientes interativos de aprendizagem (Baranauskas *et. al.*, 1999). Simulações englobam uma vasta classe de tecnologias, do vídeo à realidade virtual. Podem ser vistas como representações ou modelagens de objetos específicos, reais ou imaginados, de sistemas ou fenômenos, sendo portadoras de possibilidades e limites (Medeiros; Medeiros, 2002). Há numerosas simulações de fenômenos físicos disponíveis na internet. Elas têm cores, formas e movimentos (algumas têm som) que atraem a atenção do estudante, e, por seus atributos, podem facilitar a compreensão sobre um determinado fenômeno antes verificado apenas por meio de fórmulas escritas no livro didático ou na lousa pelo professor. Além disso, as simulações virtuais são de fácil acesso e não exigem muito em termos de especialização do professor ou aluno usuário.

Das simulações existentes, selecionamos uma aberta, considerando dois aspectos apontados por Valente (1993): 1. Grau de intervenção do aluno no processo, de maneira que o computador seja utilizado mais como ferramenta e menos como "máquina de ensinar"; 2) Concepção de simulação como um complemento de apresentações formais, leituras e discussões em sala de aula. Neste caso, cabe ao professor criar condições para o aluno relacionar o fenômeno simulado ao fenômeno real.

3 Metodologia

A escola contatada para a realização de nossa proposta foi uma escola rural localizada na região de São José do Rio Preto. Os circuitos elétricos foram montados junto a alunos do terceiro ano do ensino médio e ao professor de Física desses alunos em dois ambientes distintos: em sala de aula, com um circuito elétrico real, e no laboratório de informática, utilizando computador, multimídia e uma simulação virtual de um circuito elétrico de corrente contínua.

As interações ocorridas em sala de aula (experimento real) e no laboratório de informática (experimento virtual) foram parcialmente filmadas e fotografadas, com o fim único de registro da concretização da proposta. Um pré-requisito para a realização dos experimentos foi que os alunos tivessem estudado antes o conceito de potência elétrica[3], uma vez que não tivemos a intenção de ensiná-lo. A natureza isolada, pontual e descontínua de nossa participação no processo de aprendizagem dos alunos não nos permitiu incluir como objetivos ou metodologia ações do tipo "medir a aprendizagem gerada pela atividade experimental realizada" ou "dar respostas sobre mudanças conceituais nos quadros referencias dos alunos".

3.1 Experimento manual de um circuito elétrico simples

Realizamos o experimento real em sala de aula porque não havia laboratório de física na escola. Ali os alunos acompanharam a montagem de circuitos elétricos simples. Houve um bate-papo inicial com eles sobre a física, seus fenômenos, suas personalidades (Newton, Einstein etc.), seguido de uma breve introdução sobre o assunto "potência elétrica". Na lousa, foi necessário desenhar circuitos elétricos para que os alunos comparassem o desenho ao circuito real. Assim, foram colocados em

---

[3] Apesar de o professor ter confirmado o cumprimento de tal pré-requisito, seus alunos não souberam responder a perguntas relacionadas ao conceito.

contato com circuitos montados sob diferentes configurações, de modo que observassem o aumento ou a diminuição do brilho da(s) lâmpada(s) ligada ao circuito e relacionassem a variação à tensão da fonte (uma ou duas pilhas ligadas em série) ou ao tipo de associação das lâmpadas (em série ou em paralelo)[4]. Foram montados quatro circuitos com variação quanto a número de pilhas, número e disposição das lâmpadas.

Um circuito elétrico é constituído por componentes elétricos por onde a corrente circula. Requer uma fonte de tensão (uma pilha, por exemplo) e fios condutores que conectem terminais positivo (+) e negativo (-) a outros componentes (como lâmpada, buzina e motor elétrico). A corrente percorre apenas circuitos fechados. Itzhak (2005, p. 43) esclarece que o termo "circuito elétrico" "pode designar tanto um circuito contendo apenas dispositivos elétricos como um circuito com componentes eletrônicos". O circuito de que trata este trabalho contém pilha(s), fios condutores e lâmpadas.

Para a montagem do experimento real, utilizamos uma situação de aprendizagem sugerida no *Caderno do professor*[5]. Trata-se de um material didático apostilado distribuído em 2008 pela Secretaria de Educação do Estado de São Paulo aos professores da rede pública para o ensino de conteúdos curriculares como o de Física[6].

A situação de aprendizagem prevista no referido caderno orienta a montagem de um circuito elétrico simples por aluno. A apostila não sugere simulações virtuais como alternativa. A este respeito, cabe-nos esclarecer que o experimento (ou situação de aprendizagem) sugerido não teria acontecido naquela escola, com aquela turma, sem a intervenção de agentes externos (nossa, no caso), uma vez que os alunos, dependentes do poder aquisitivo de seus pais, não teriam condições financeiras para a compra dos materiais do circuito. Outro problema foi não encontrar nas lojas o soquete para lâmpada de 3V sugerido na apostila. Nenhuma das

---

[4] Em série, a luminosidade das lâmpadas diminui, em paralelo, permanece constante.

[5] Elaborado pelo Grupo de Reestruturação do Ensino de Física da Universidade de São Paulo. Informações disponíveis em: http://axpfep1.if.usp.br/~gref/eletromagnetismo.html. Sobre circuitos elétricos: http://axpfep1.if.usp.br/~gref/eletro/eletro2.pdf. Acesso em: 15 abr. 2022. A apostila não tem ficha catalográfica. Na capa, traz os dizeres: "Caderno do Professor – Ciências da Natureza e suas Tecnologias – Física, Ensino Médio, 3ª série, 2008". No verso, os autores apresentam algumas considerações sobre o material, observando que os recursos didáticos sugeridos poderão ser incrementados pelo professor.

[6] *Cf.* SÃO PAULO (Estado). Secretaria da Educação. *Proposta curricular do estado de São Paulo*: Física. São Paulo: SEE, 2008. Nessa proposta, os circuitos elétricos figuram como "conteúdos gerais", aos quais correspondem quatro outros específicos indicados para trabalhar o tema "equipamentos elétricos" junto a alunos de terceiro ano do ensino médio, no primeiro bimestre do ano letivo (*vide* p. 57).

lojas especializadas do centro comercial de São José do Rio Preto tinha tal material à venda. Um terceiro agravante era a formação do professor daquela turma: licenciado em Matemática, não se sentia seguro para montar um circuito elétrico simples com seus alunos.

3.2 Experimento virtual de um circuito elétrico simples

Para a realização do experimento virtual, adotamos a simulação *Circuit Construction Kit (DC Only)*[7], que possibilita construir circuitos com resistores, lâmpadas elétricas, baterias e interruptores; realizar medidas com voltímetro e amperímetro realísticos; visualizar o circuito em formato de diagrama ou de um circuito real.

A simulação escolhida pode ser utilizada no modo *off-line*, desde que se faça download (baixar para o computador ou outro dispositivo). Trata-se de uma simulação aberta, que possibilita maior interação do aluno com o computador, uma vez que é ele quem vai montando, aos poucos, o circuito, escolhendo cada uma de suas partes. Para construir um circuito, o aluno, utilizando essa simulação virtual, necessariamente, deve dispor de algum conhecimento prévio sobre a estrutura de um circuito, assim como sobre a função de cada uma das partes que o constituem.

Na tela do computador, o aluno visualiza uma corrente elétrica do tipo convencional (que vai do positivo para o negativo da bateria), e não do tipo real (sentido dos elétrons). Quanto maior o valor da corrente, mais rápido o movimento das "cargas". Tais aspectos devem ser esclarecidos pelo professor da turma. Cabe esclarecer também que, tanto no plano real quanto no virtual, trata-se de simulação.

Nos circuitos reais e virtuais, a intensidade do brilho das lâmpadas foi comparada, evidenciando correspondência entre fenômeno real e virtual: em ambos o brilho de uma lâmpada é explicado pelo número de pilhas (tensão aplicada) e pelo modo de associação — em série ou em paralelo. Apenas a simulação virtual possibilitava medir corrente e tensão elétrica em qualquer parte do circuito sem riscos ou dificuldades em relação aos medidores (multímetro ou amperímetro).

---

[7] Criada pelo grupo Physics Education Technology (PhET), da University of Colorado. Disponível em: http://phet.colorado.edu/simulations/sims.php?sim=Circuit_Construction_Kit_DC_Only. Acesso em: 15 abr. 2022.

4 Resultados e discussão

Não buscamos medir o impacto das práticas experimentais na aprendizagem do aluno, mas sim apresentar a eles e a seu professor simulações virtuais como estratégias passíveis de utilização no processo educativo e, com isso, evidenciar as vantagens conferidas pela natureza própria do recurso computacional adotado. Por esse motivo, não nos preocupamos em trazer, neste trabalho, transcrições de fala ou qualquer outro registro escrito que se constituísse em dado de análise diagnóstica (anterior) ou avaliativa (posterior) ao desenvolvimento das práticas. Nós estivemos no local, observamos as reações dos alunos e interagimos com eles. Com base nessa vivência, concluímos o que segue.

No laboratório de informática, os alunos acompanharam a montagem virtual de circuitos elétricos. Nesse ambiente, a montagem consistiu em agrupar componentes elétricos selecionados com a ajuda do mouse. O experimento virtual, com seus movimentos, cores e formas, chamou atenção dos alunos. O computador pareceu interessá-los. No laboratório, a apatia cedeu lugar à curiosidade e ao interesse, não apenas pela montagem do circuito, mas pelo recurso que a comportou.

A montagem dos circuitos em cada ambiente durou aproximadamente duas horas. Durante esse período, os estudantes foram instigados a pensar sobre o que acontece com o brilho de uma lâmpada quando aumentamos o número de pilhas ou de lâmpadas no circuito. Para tanto, em caráter de problematização, foram feitas a eles algumas perguntas, tais como: *todos concordam que essa lâmpada tem potência maior? Por quê? Se colocarmos as duas em série, o que acontece com a lâmpada: ela brilha mais ou menos?*

Na sala de informática, um dos alunos perguntou por que a corrente elétrica percorria o circuito ora mais rápido, ora mais devagar, algo observável somente pelo virtual. Fora desse ambiente, o aluno não "visualiza" a corrente percorrendo o fio, o que ele vê são os efeitos disso, no caso, a luminosidade da lâmpada gerada pela potência elétrica, resultante esta da combinação da tensão com a corrente elétrica **P=UI**. Esta ocorrência foi tomada como indício de que, neste caso, a simulação virtual proporcionou ao aluno algo que o experimento real não pôde proporcionar (a visão da corrente elétrica percorrendo o fio do circuito).

Os circuitos reais interessaram aos alunos, mas não muito. Montar circuitos reais junto aos alunos foi desajeitado. O mesmo não ocorreu com o circuito virtual, cuja visibilidade era do alcance de todos; e o manuseio, simples, descomplicado. Além disso, o experimento atrai pelo movimento, pelas formas, pela facilidade com que se monta e desmonta, pela facilidade de salvar diferentes circuitos e compará-los posteriormente. A lousa acompanhou o real, e o experimento foi realizado em duas dimensões: real (lousa/expositivo e manual/prática experimental) e virtual.

No plano real/presencial, foi preciso desenhar para que os alunos relacionassem o desenho do objeto (desenho ou imagem do circuito) ao objeto do desenho (circuito real). No experimento virtual, isto não foi necessário, porque ele permite visualizar componentes elétricos em dois formatos: objetiva (como existente no mundo) e simbólica (representativa do objeto).

No real, o experimento requereu explicações constantes sobre o conceito de potência. As muitas perguntas dos alunos poderiam ser interpretadas como falta de conhecimento sobre os conceitos de tensão, corrente elétrica e potência elétrica e os componentes de um circuito. Quando questionados, respondiam com um longo silêncio e expressões de incredulidade. Conforme salientam Ausubel, Novak e Hanesian (1980, p. 36),

> [...] um estudante pode aprender a lei de Ohm, que afirma que a corrente em um circuito é diretamente proporcional à voltagem. Entretanto, essa proposição não poderá ser *aprendida significativamente* a menos que o estudante saiba previamente o significado dos conceitos de corrente, voltagem, resistência, direta e inversamente proporcional, *e* a menos que tente relacionar estes conceitos como estão indicados na lei de Ohm.

Constatamos que, ao utilizar um recurso virtual, o professor não é a única fonte de informação do aluno, por isso não há necessidade de ele falar tanto durante a realização de um experimento; além disso, os alunos experimentam mais, mesmo que não estejam, eles mesmos, com manuseando o experimento e observem a construção feita pelo professor. O uso da simulação virtual pareceu despertar nos alunos maior autonomia, iniciativa e interesse.

Cabe também destacar a expectativa diferenciada do aluno quanto ao experimento virtual, a maneira ansiosa pela qual aguardava o início da atividade prática. Este poderia ser um indício de que esse aluno estava desejoso de explorar quanto antes tudo o que as tecnologias tinham a oferecer, por se sentir à vontade com o digital.

A Física é uma ciência experimental cuja aprendizagem requer estratégias de ensino. Nesta tarefa, elementos como material de aprendizagem e disposição do aluno para a aprendizagem são indispensáveis (Ausubel; Novak; Hanesian, 1980). Aqui, esforçamo-nos por não descuidar disso, mesmo sabendo que nossa intervenção na aprendizagem dos alunos foi esporádica.

O exposto nos autoriza a afirmar que os objetivos propostos no trabalho foram alcançados, tendo em vista que: 1. Apresentamos ao professor uma simulação computacional como ferramenta auxiliar no processo educativo; 2. Abordamos o conceito de potência elétrica em seus aspectos característicos e definidores utilizando um experimento real e um virtual; 3. Ao realizarmos o experimento real e o virtual, constatamos que este último tem atributos que facilitam a aprendizagem do aluno.

Tal constatação sugere a necessidade de inclusão da internet no material distribuído pela Secretaria de Educação do Estado de São Paulo aos professores da rede pública, a título de opção ou complementaridade, por meio da indicação de experimentos virtuais específicos previamente selecionados por critérios bem definidos. Com isso, não estamos propondo que seja oferecido ao professor da rede pública material didático (CD-ROM) que não sairá do armário. Este não seria o caminho.

5 Considerações finais

A Física torna-se mais interessante quando compreendida. Nesse sentido, Santos, Alves e Moret (2006) apontam dificuldades encontradas pelo professor para ensinar um fenômeno físico dinâmico utilizando recursos estáticos. Os autores afirmam que a animação e a representação gráfica das simulações virtuais podem ampliar a compreensão do aluno a respeito dos aspectos matemáticos e físicos envolvidos nos conceitos escolares. Simulações virtuais podem ser vistas como recursos complementares, cuja utilização não prescinde do trabalho planejado e intencional do professor.

Diferentes tecnologias carregam distintos potenciais para a aprendizagem; é preciso saber identificá-los para, então, empregá-los no processo educativo. No caso das simulações virtuais, de suas possíveis contribuições, destacam-se os efeitos audiovisuais, que podem aproximar o aluno do objeto de conhecimento de um modo que apenas giz e lousa e a leitura de um livro didático ou a resolução de listas de exercícios não o fariam. A esse respeito, cabe não esquecer o alerta de Medeiros e Medeiros (2002) de que simulações virtuais têm possibilidades, mas também limites.

Diante do exposto, propomos refletir sobre algumas questões: se há simulações virtuais em abundância na internet, por que não chegam às escolas? No espaço escolar, o que impede professores e alunos de utilizarem recursos tecnológicos hoje disponíveis? Por que não inovar, quando as velhas práticas já mostraram que não dão conta do fenômeno educativo?

Referências

AUSUBEL, D. P.; NOVAK, J. D.; HANESIAN, H. **Psicologia educacional**. 2. ed. Rio de Janeiro: Interamericana, 1980.

BARANAUSKAS, M. C. C. *et al*. Uma taxonomia para ambientes de aprendizagem baseados no computador. *In*: VALENTE, J. A. (org.). **O computador na sociedade do conhecimento**. Campinas: UNICAMP/NIED, 1999. p. 49-87. Disponível em: https://www.nied.unicamp.br/biblioteca/o-computador-na-sociedade-do-conhecimento/. Acesso em: 15 abr. 2022.

BELLONI, M. L. **Educação a distância**. Campinas: Autores Associados, 1999.

BRASIL. Ministério da Educação. **Base Nacional Comum Curricular**: educação é a base. Brasília: MEC, 2017. Disponível em: http://portal.mec.gov.br/index.php?option=com_docman&view=download&alias=79611-anexo-texto-bncc-aprovado-em-15-12-17-pdf&category_slug=dezembro-2017-pdf&Itemid=30192. Acesso em: 15 abr. 2022.

BRASIL. Ministério da Educação. **Parâmetros Nacionais Curriculares**: ensino médio. Ciências da natureza, matemática e tecnologias. Brasília: MEC/SEMTEC, 2000.

FIOLHAIS, C.; TRINDADE, J. Física no computador: o computador como uma ferramenta no ensino e na aprendizagem das ciências físicas. **Revista Brasileira de Ensino de Física**, São Paulo, v. 25, n. 3, p. 259-272, set. 2003. Disponível em: http://www.sbfisica.org.br/rbef/pdf/v25_259.pdf. Acesso em: 15 abr. 2022.

ITZHAK, R. **Dicionário Houaiss de física**. Rio de Janeiro: Objetiva, 2005.

LOMÔNACO, J. F. B. *et al*. Do característico ao definidor: um estudo exploratório sobre o desenvolvimento de conceitos. **Psicologia**: Teoria e Pesquisa, Brasília,

v. 12, n. 1, p. 51-60, 1996. Disponível em: https://pesquisa.bvsalud.org/portal/resource/pt/lil-185716. Acesso em: 15 abr. 2022.

LOPES, R. P.; FEITOSA, E. Ensino e formação docente sob novos paradigmas: "Física Animada" na escola. Um projeto que contempla o uso de experimentos virtuais no ensino de Física. *In*: CONGRESSO ESTADUAL PAULISTA SOBRE FORMAÇÃO DE EDUCADORES, 9., 2007, Águas de Lindóia. **Anais** [...]. São Paulo: Pró-Reitoria de Graduação da UNESP, 2007. p. 41-47. Disponível em: https://www.unesp.br/prograd/ixcepfe/Arquivos%202007/14Rapdf.pdf. Acesso em: 15 abr. 2022.

MEDEIROS, A.; MEDEIROS, C. F. Possibilidades e limitações das simulações computacionais no ensino da física. **Revista Brasileira de Ensino de Física**, São Paulo, v. 24, n. 2, p. 77-86, jun. 2002. Disponível em: https://www.scielo.br/j/rbef/a/4gsZ3kVfMKNxGzMcyRBZzFq/?lang=pt&format=pdf. Acesso em: 15 abr. 2022.

MOREIRA, M. A. A teoria de aprendizagem de David Ausubel. *In*: MOREIRA, M. A. *et al*. **Aprendizagem**: perspectivas teóricas. Porto Alegre: Ed. da Universidade, 1985. p. 127-143.

PAPERT, S. **A máquina das crianças**: repensando a escola na era da informática. Porto Alegre: Artes Médicas, 1994.

SANTOS, G. H.; ALVES, L.; MORET, M. A. M. Animações interativas mediando a aprendizagem significativa dos conceitos de física no ensino médio. **Revista Científica da Escola de Administração do Exército**, Salvador, v. 2, p. 88-108, 2006. Disponível em: http://periodicos.uefs.br/index.php/SSCF/article/view/SSCF-v.2-A7/4405. Acesso em: 15 abr. 2022.

TEDESCO, J. C. **O novo pacto educativo**: educação, competitividade e cidadania na sociedade moderna. São Paulo: Ed. Ática, 2001.

VALENTE, J. A. Diferentes usos do computador na educação. *In*: VALENTE, J. A. (org.). **Computadores e conhecimento**: repensando a educação. Campinas: Gráfica Central da UNICAMP, 1993. p. 1-44. Disponível em: https://www.nied.unicamp.br/biblioteca/computadores-e-conhecimento-repensando-educacao/. Acesso em: 15 abr. 2022.

MAPAS CONCEITUAIS COMO ESTRATÉGIA PEDAGÓGICA PARA O DESENVOLVIMENTO DE ALGORITMOS[8]

Sidinei de Oliveira Sousa
Laízi da Silva Santos
Carlos Willian Zanelato Souza
Rita de Cássia Boscoli Soler Morete
Clóvis da Silva Santana

1 Introdução

No campo da computação, compreender um conceito sem ser capaz de explicá-lo claramente não é suficiente. É essencial a descrição de elementos e passos necessários para a representação dos fenômenos por meio do computador.

Aprender a programar computadores, além da habilidade no uso das ferramentas tecnológicas empregadas no processo, requer capacidade de abstração dos fenômenos do mundo real. A atividade de programar consiste, preliminarmente, numa análise sistêmica do problema que será alvo de uma solução informatizada. A análise é convertida em uma hipótese para a solução do problema, denominada algoritmo. O algoritmo é a descrição literal do raciocínio lógico utilizado pelo programador na solução do problema, e, sendo assim, é independente de tecnologia. A ferramenta de implementação computacional do algoritmo pode ser entendida como a concretização da solução proposta (Forbellone; Eberspacher, 2000). Dessa maneira, o algoritmo será unido com a tecnologia disponível para que o resultado seja a criação do programa de computador.

Assim, representar o conhecimento por meio de algoritmos é imperativo ao programador e, ao mesmo tempo, um desafio no qual experiências

---

[8] Este capítulo é fruto de uma intervenção realizada durante a disciplina de Aprendizagem de Conceitos Escolares e as Tecnologias do PPGE/FCT/UNESP, no ano de 2008.

e conhecimentos prévios constituem paradoxo. Empregar soluções já utilizadas em um novo problema exige diferenciação entre a solução adequada e a solução que o programador gostaria que fosse a adequada.

O procedimento utilizado neste trabalho consistiu em utilizar mapas conceituais construídos pelos estudantes, em uma disciplina de programação de computadores, como organizadores do conhecimento. Para a criação desses mapas, foi utilizado o software Cmap Tools com o objetivo de construir ou aprimorar conceitos essenciais de uma venda e suas relações de tal modo que eliminasse ou limitasse inconsistências no desenvolvimento de um algoritmo de automação comercial que efetue uma venda.

Para mensurar a eficácia dos mapas, eles foram confrontados com os programas desenvolvidos pelos estudantes e mostraram-se muito coerentes e significativos para o desenvolvimento dos programas. Assim, consideramos o mapa conceitual uma eficiente ferramenta para representar um fenômeno, construir ou aprimorar conceitos e estabelecer as relações ou implicações entre eles, antes de elaborar soluções algorítmicas para um dado problema.

1.1 Definição do problema

A representação dos fenômenos do mundo real por meio de algoritmos computacionais é um processo que envolve ações sofisticadas, desde a abstração de conceitos e a forma como se relacionam em domínios específicos, até a reflexão sobre o programa finalizado.

Sendo assim, as análises das incoerências ou erros encontrados no programa colaboram para compreender a natureza dos erros. Todo conceito que se pretende representar por meio de um algoritmo deve estar previamente armazenado no esquema mental do estudante. Se o esquema mental se restringir a situações muito particulares, o conceito sofrerá uma redução e ficará limitado; por outro lado, se o esquema se aplicar a uma classe muito vasta, provocará generalizações excessivas. Em qualquer um dos casos, resulta na incidência de erros (Teixeira, 2004).

Cumpre destacar que a abstração do conceito para representá-lo na forma de algoritmo não se limita ao conceito como entidade pública no qual seu significado é socialmente aceito e formalmente disposto por meio de palavras em dicionários e enciclopédias. Também não se restringe ao conceito como *constructos mentais* em que o indivíduo, por meio de seu desenvolvimento, de acordo com suas experiências e aprendizagens, forma seu próprio conceito (Klausmeier; Goodwin, 1977).

Um conceito implica uma rede de conceitos. O conceito de venda, por exemplo, sugere o conceito de cliente, de bem ou serviço vendido, de vendedor, de título monetário, entre outros. Assim, um programador de computadores com habilidades em técnicas de programação, mas que possui conhecimentos frágeis acerca dos conceitos que abarcam uma venda, dificilmente conseguirá desenvolver um programa de computador que realize efetivamente uma venda. A abordagem da *concepção teórica* colabora com essa ideia ao afirmar que cada conceito se relaciona com outros conceitos dentro de domínios de conhecimento, sendo cada domínio organizado por uma teoria, não necessariamente uma teoria científica (Lomônaco et al.,1996).

Dessa maneira, tão significativo quanto conhecer os elementos que fazem parte dos esquemas é representar as relações que esses elementos possuem (ou não) entre si, ou a forma como os esquemas estão organizados (Coll et al., 2006).

Nessa ótica, os mapas conceituais, usados na representação e organização de um conjunto de conceitos sobre um assunto, proporcionam um ambiente de aprendizagem significativa na qual a aquisição de novos conhecimentos leva em consideração a base de conhecimentos preexistentes. Os esquemas mentais já construídos pelos indivíduos são fatores decisivos para transformar o conhecimento tácito em explícito.

1.2 Mapas conceituais

O mapeamento conceitual é uma técnica flexível que pode ser utilizada em diversas situações, para diferentes finalidades. Definido por Novak (1996) como uma representação gráfica, em duas dimensões, de determinado conjunto de conceitos, é construído de tal forma que o conjunto entre eles seja evidente, baseando-se na teoria da aprendizagem significativa, de David Ausubel.

Moreira (2011) esclarece que é possível utilizá-lo em uma única aula, para uma determinada unidade de estudo, para um curso ou até mesmo um programa educacional completo. De maneira geral, os mapas conceituais são representações concisas daquilo que está sendo entendido por meio do ensino, uma vez que são potencialmente significativos e permitem a integração entre a reconciliação e diferenciação de significados de um determinado conceito.

Eles têm significados pessoais, são dinâmicos e estão constantemente mudando no curso da aprendizagem significativa. Para Moreira (2011), se a aprendizagem é significativa, a estrutura cognitiva constantemente se organiza e consequentemente mapas traçados hoje serão diferentes amanhã. Sua análise é essencialmente qualitativa. Ou seja, o docente, em vez de atribuir pontuações/notas para o mapa conceitual do estudante, deve identificar em seu mapa as evidências de aprendizagem.

Os mapas conceituais são diagramas de significados organizados de maneira hierárquica. Dessa maneira, neles deve ficar claro quais são os conceitos contextualizados mais importantes que foram organizados na estrutura cognitiva do estudante (Moreira, 2011), o que pode servir como documento para avaliação dos estudantes diante do processo pedagógico, bem como enquanto potencial instrumento de identificação da aprendizagem significativa e identificação de conceitos.

2 Procedimentos

O objetivo deste trabalho foi verificar a contribuição dos mapas conceituais criados no software Cmap Tools como recurso de compreensão do domínio de um conhecimento e na organização das ideias para descrever uma solução algorítmica para um dado problema desse domínio.

O domínio em questão é uma transação comercial de venda de um bem ou serviço e suas implicações em termos de desenvolvimento de programa que contemple os atributos essenciais e característicos de uma venda. A implementação de um programa de computador que realize venda é parte integrante do projeto de automação comercial desenvolvido pelos estudantes na disciplina de Programação de Computadores II.

O trabalho foi realizado com 27 estudantes de um curso técnico em Informática de uma instituição de ensino técnico do interior paulista. Como ponto de partida para os trabalhos, propuseram-se discussões entre os estudantes, intermediadas pelo docente, com o objetivo de levantar os conhecimentos prévios.

Nessa abordagem, os estudantes foram instigados a relatar suas experiências com relação ao conceito de venda. Os relatos forneceram elementos para a entrevista. Na entrevista, o estudante era sempre solicitado a explicar as suas respostas para uma melhor compreensão das suas percepções e processo de raciocínio; e, após a discussão, introduziu-se o tema.

As ferramentas de auxílio utilizadas na aula foram apresentação de slides e um projetor multimídia. Embora a aula tenha se desenvolvido de forma expositiva, a participação dos estudantes foi estimulada durante toda a exibição.

A aula versou sobre o conceito de venda e desenrolou-se em uma abordagem voltada para a automação comercial. Assim, a ênfase foi o desenvolvimento do programa de computador que deveria realizar uma venda de um bem ou serviço. Não foram abordados, nessa aula introdutória, aspectos como estratégias de venda, por exemplo. A aula foi idealizada segundo o princípio de que os organizadores prévios auxiliam a vinculação substantiva e não arbitrária do novo conteúdo aos conhecimentos preexistentes na estrutura cognitiva dos estudantes.

Finalizada a introdução, os estudantes foram instruídos sobre como proceder para fazer o download e instalar a ferramenta pedagógica Cmap Tools. O Cmap Tools IHMC Concept Map é um software gratuito para criação de mapas conceituais desenvolvido pelo Institute for Human and Machine Cognition da University of West Florida (Novak; Cañas, 2008).

Os estudantes também receberam explicações de como utilizar a ferramenta para criar um mapa conceitual, salvá-lo e, em especial, como compartilhar no Cmap Tools os mapas criados. Além das instruções do docente, foi apresentado um vídeo ensinando como construir um mapa conceitual no software.

Após a aula, foi sugerido aos estudantes que elaborassem individualmente um mapa conceitual no Cmap Tools que respondesse à seguinte questão: *quais elementos compõem uma venda?* Os estudantes deveriam partir de um conceito mais inclusivo, que poderia ser o substantivo "venda" ou o verbo "vender", e concentrar-se nos atributos definidores de uma venda, bem como nos atributos característicos, específicos do projeto de sistema de cada estudante. Uma preocupação do docente foi estabelecer a ideia de que não seriam atribuídas notas aos mapas nem eleito o melhor mapa. Embora fosse esperada a ocorrência de mapas mais sofisticados e mapas mais simples, optou-se por esse caminho para tentar diminuir possíveis inseguranças nos estudantes em produzir mapas que poderiam ser considerados errados.

Os mapas começaram a ser desenvolvidos no laboratório de informática e, em função da limitação de tempo, terminaram de ser construídos na casa dos estudantes; os mapas finalizados eram disponibilizados no software Cmap Tools.

Desde a aula introdutória, os estudantes tiveram um prazo de duas semanas para entregar uma versão impressa dos mapas conceituais. Todas as fases expositivas bem como a fase de produção dos mapas foram realizadas no laboratório de informática, por ser o ambiente de aulas teóricas e práticas dos estudantes.

Depois da entrega dos mapas, os estudantes foram submetidos a um questionário com três questões abertas, que levantavam aspectos qualitativos dos mapas conceituais e do software Cmap Tools. O questionário foi escolhido em função do tempo curto e da grande quantidade de estudantes, fatores limitadores para a realização de entrevistas mais elaboradas.

Os programas de computador que os estudantes desenvolveram foram entregues dois meses após o início dos trabalhos com o conceito de venda e os mapas conceituais. É importante salientar que, embora os mapas tenham sido elaborados individualmente, o programa foi desenvolvido em duplas.

Finalizando os trabalhos, os mapas foram analisados para determinar qual o comportamento do raciocínio dos estudantes em um campo específico do conhecimento. Os mapas também foram confrontados com os programas desenvolvidos com o objetivo de avaliar a contribuição desse recurso para a descrição de um algoritmo que contemplasse a função de realizar uma venda.

3 Resultados e discussões

O critério utilizado para analisar os resultados obtidos com os mapas conceituais foi a coerência existente entre os mapas e o programa desenvolvido pelos estudantes. Essa coerência, ou em outras palavras, a harmonia entre pensamento e realização, é fator decisivo para evidenciar a eficácia dos mapas conceituais como recurso para organização das ideias na resolução de um problema.

Foi constatado que o fato de os estudantes criarem os mapas conceituais individualmente e desenvolverem o programa em duplas favoreceu a troca de ideias. Durante o desenvolvimento, era comum os estudantes trocarem percepções sobre o programa, tendo em mãos versões impressas de seus mapas. Os estudantes A1 e A2 desenvolveram o programa juntos e, como se pode observar na Figura 2.1 e 2.2, embora seus mapas tenham diferentes estruturas, a forma como os conceitos são relacionados é muito similar.

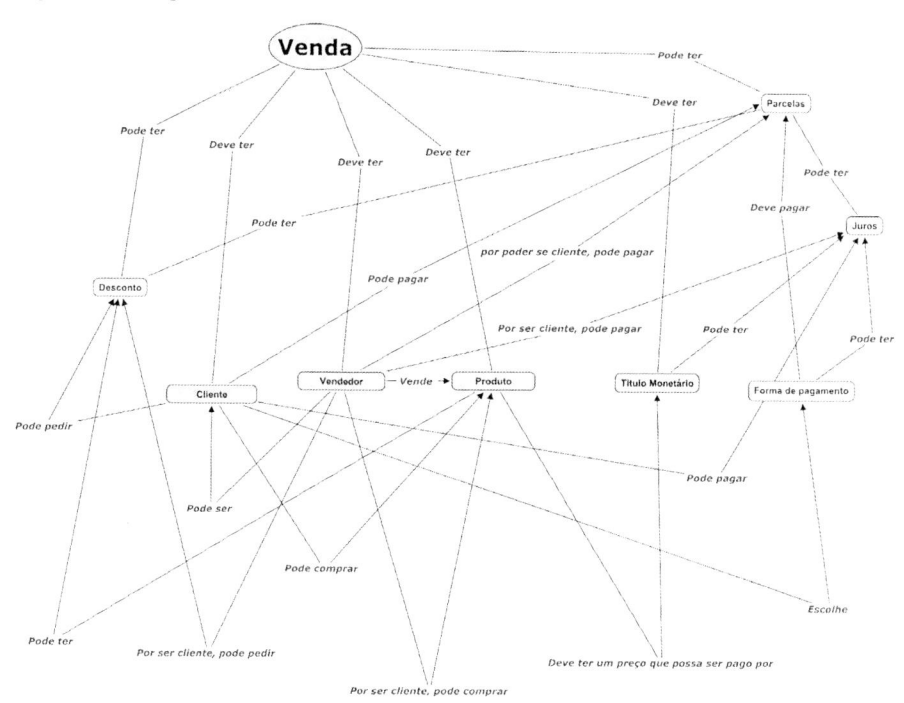

Figura 2.1 – Mapa conceitual do estudante A1

Fonte: adaptada de Cmap Tools

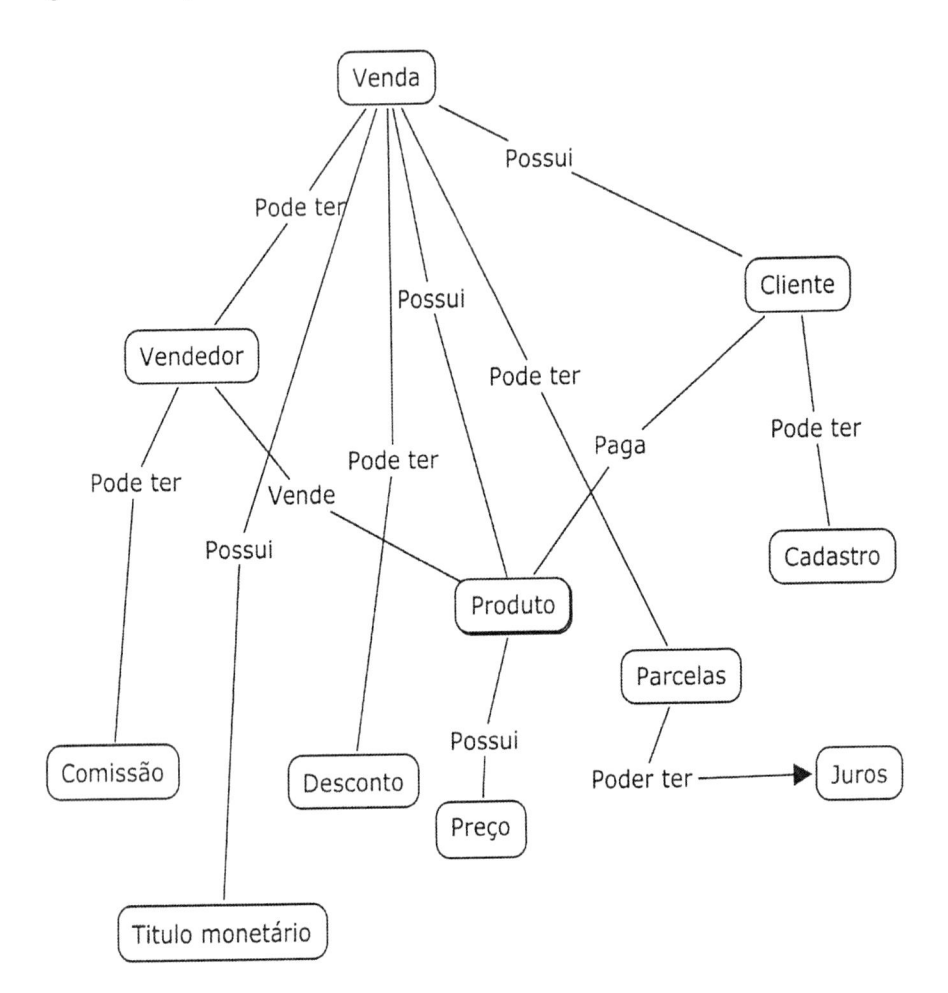

Figura 2.2 – Mapa conceitual do estudante A2

[Mapa conceitual com os seguintes conceitos e relações:

Venda
- Pode ter → Vendedor
- Possui → Pode ter
- Pode ter → Produto
- Paga → Parcelas
- Possui → Cliente

Vendedor
- Pode ter → Comissão
- Vende → Produto
- Possui → Título monetário

Cliente
- Pode ter → Cadastro

Produto
- Pode ter → Desconto
- Possui → Preço

Parcelas
- Poder ter → Juros]

Fonte: adaptada de Cmap Tools

    O programa desenvolvido pelos estudantes A1 e A2, representado pela Figura 2.3, revelou-se bastante coerente com os seus mapas conceituais, com exceção do estudante A2, que atribui uma comissão ao vendedor, que o programa não contemplou. O estudante A1 narrou espontaneamente sua surpresa ao descobrir, nos servidores do Cmap Tools, um mapa conceitual realizado no Chile que contemplava uma automação comercial muito semelhante à que ele estava desenvolvendo.

Figura 2.3 – Tela de venda do programa desenvolvido pelos estudantes A1 e A2

Fonte: adaptada de Cmap Tools

Um fato interessante que os estudantes que estavam inseridos no mundo do trabalho — em especial nos setores comerciais — demonstraram maior segurança e habilidade na composição dos mapas. Essa constatação evidencia a importância dos subsunçores como âncoras para a aprendizagem significativa de conceitos — para Moreira (2011), a atribuição de significados dependerá da existência de conhecimentos prévios relevantes e da interação com eles para uma melhor performance.

O caso que exemplifica a importância dos subsunçores é o da aluna A3, que desenvolveu um mapa conceitual muito simples e carente de lógica na criação das proposições. Por exemplo, de acordo com o mapa da Figura 2.4, A3 parte do princípio da reconciliação integrativa e usa a seguinte proposição "uma parcela pode ter uma venda". Para que a proposição estivesse coerente, seria mais lógico o princípio da diferenciação progressiva. É interessante notar que, embora o conceito de venda esteja em evidência, a estudante utilizou o de vendedor como o mais geral e inclusivo, diferenciando o conceito de vendedor, e não o de venda. É importante salientar que a estudante A3 não possui experiência em nenhum campo profissional e tem pouco interesse em assuntos relacionados à automação comercial. Dessa forma, não possui subsunçores maduros o suficiente para ancoragem de conhecimentos (Moreira, 2011). Além disso tudo, como apontado por Sousa *et al.* (2015), a aprendizagem significativa acontece quando a informação passa a dar sentido ao saber e à prática para quem aprende. Em função do tempo limitado, a estudante A3 criou apenas um mapa conceitual.

Figura 2.4 – Mapa conceitual da estudante A3

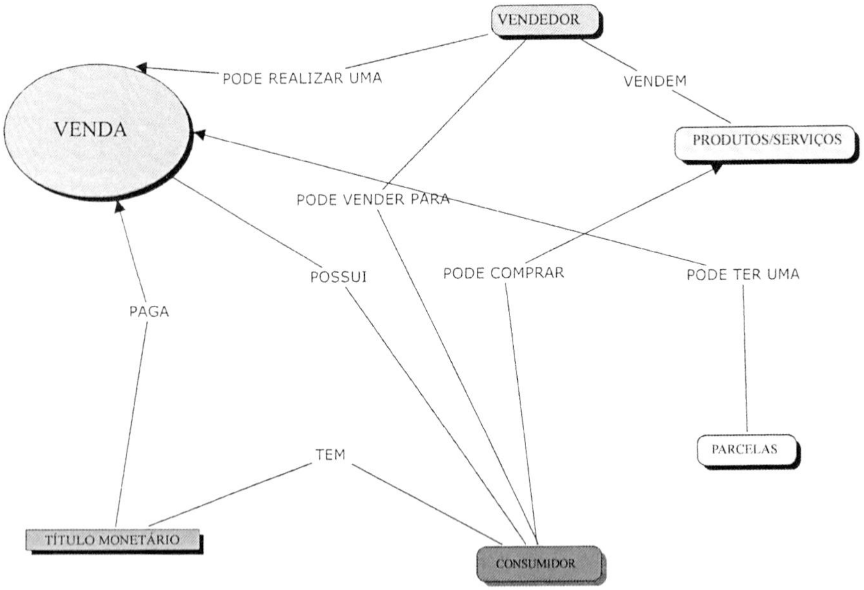

Fonte: adaptada de Cmap Tools

A natureza colaborativa do Cmap Tools foi explorada por estudantes que refizeram seus mapas ao compará-los com outros mapas que os estudantes disponibilizavam no servidor do *software*.

O estudante A4 inicialmente elaborou um mapa conceitual valendo-se de um conceito essencialmente abrangente que não fazia parte da proposta inicial. Como pode ser observado na Figura 2.5, A4 partiu do conceito de oficina, tornando evidente o pouco domínio do conceito escolhido na falta de frases de ligações para a criação das proposições.

Figura 2.5 – Primeiro mapa conceitual do estudante A4

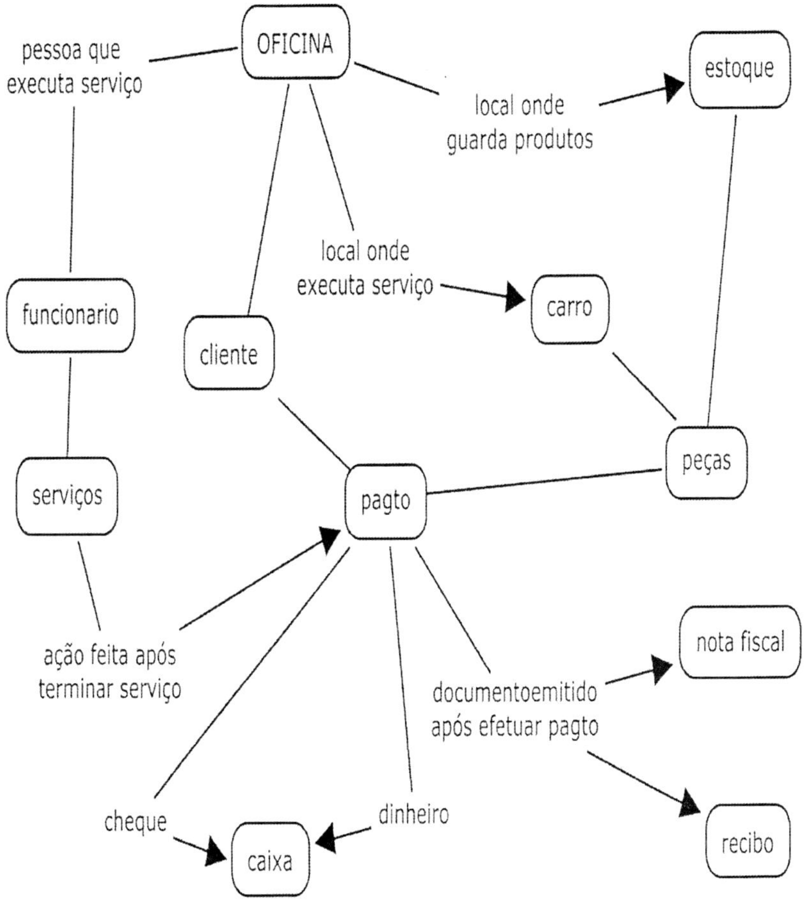

Fonte: adaptada de Cmap Tools

Após comparar seu primeiro mapa com os mapas armazenados no servidor, A4 desenvolveu um segundo mapa conceitual, representado na Figura 2.6. Assim, à medida que o subsunçor interage com os novos conhecimentos, torna-se mais estável e diferenciado, rico em significado, podendo facilitar novas aprendizagens (Souza, 2022). Em seu segundo mapa, A4 demonstrou uma sensível melhora no nível de detalhamento do conceito de venda e nas proposições criadas.

Figura 2.6 – Segundo mapa conceitual do estudante A4

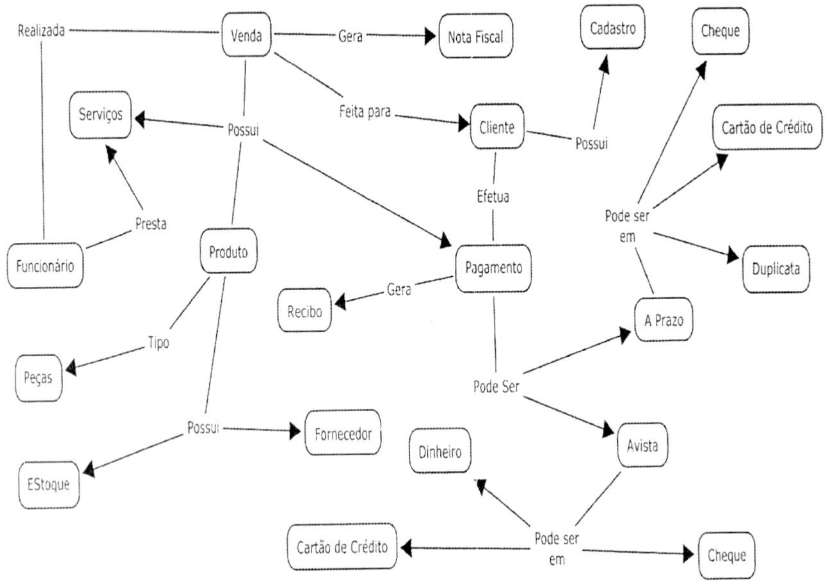

Fonte: adaptada de Cmap Tools

É interessante observar que, no mapa conceitual do estudante A5, o conceito de pagamento é relacionado com o de cliente, mas não é relacionado com o de venda. Fato esse atrelado às ideias de Lemos (2005, p. 41) ao elucidar que, "Quando se tem uma estrutura cognitiva organizada de forma lógica com ligações substantivas e não-arbitrárias entre os significados armazenados, o indivíduo está melhor instrumentalizado para usar o conhecimento".

Essa contradição nos pensamentos levou os estudantes, durante o desenvolvimento do programa, a refletir em conjunto sobre suas formas de raciocínio. O estudante A5 destacou que a ferramenta Cmap Tools é muito simples de usar, porém sentiu um nível de complexidade considerável ao elaborar um mapa de conceitos, o que, para ele, foi uma surpresa, pois, antes da construção do mapa, julgava o conceito de venda bastante simples.

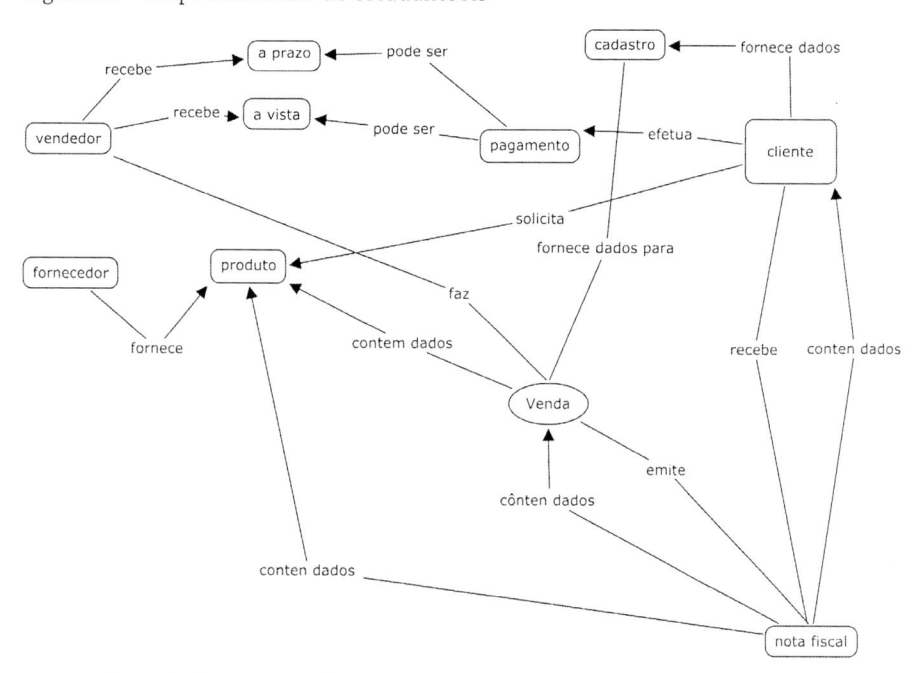

Figura 2.7 – Mapa conceitual do estudante A5

[Mapa conceitual com os seguintes elementos: vendedor recebe a prazo, recebe a vista; pagamento pode ser a prazo ou a vista; cliente efetua pagamento; cliente fornece dados para cadastro; cadastro fornece dados; vendedor solicita produto; vendedor faz venda; fornecedor fornece produto; produto contem dados; venda contém dados; venda emite nota fiscal; cliente recebe nota fiscal; nota fiscal conten dados]

Fonte: adaptada de Cmap Tools

Cabe ressaltar que o uso dos mapas conceituais como recurso para facilitar o entendimento do conceito de venda se deu em um tempo relativamente curto, cerca de dois meses. Além disso, menos da metade dos estudantes construiu uma segunda versão dos mapas.

Os mapas conceituais constituíram uma estratégia pedagógica muito promissora, considerando que foram utilizados pelos estudantes em um único objeto de estudo. Dessa forma, os resultados foram bastante significativos, pois os programas entregues tinham coesão com os mapas, e em alguns estudantes percebeu-se o diferencial dos mapas para o desenvolvimento de um programa que realizasse aquilo a que se propunha.

Permitiram aos estudantes aprender sobre a natureza e a composição do conhecimento, levando-os a perceber quais os caminhos percorridos pelo raciocínio no desenvolvimento de estratégias mentais que conduzissem à construção do conhecimento.

O aspecto cooperativo dos mapas conceituais também foi acentuado em função da característica colaborativa do Cmap Tools. Mapas realizados individualmente contribuíram como objeto de reflexão do grupo, em especial para aqueles estudantes que os desenvolveram com grande desvio cognitivo. Há que se ressaltar, no entanto, que o aspecto colaborativo também possui ônus. Entre os trabalhos apresentados, ficou difícil identificar se as similaridades evidenciaram um processo de discussão e consequentemente crescimento intelectual, ou se o raciocínio foi vítima passiva da contaminação das ideias de outrem. De qualquer forma, o mapa conceitual e o software Cmap Tools possuem características positivas suficientes para serem altamente recomendados na organização e elaboração de conceitos determinantes para a construção de um algoritmo.

4 Considerações finais

Neste capítulo, relatamos uma experiência de processo ensino e aprendizagem na qual foram utilizados mapas conceituais criados no software Cmap Tools como ferramenta de organização das ideias e compreensão ou aprimoramento do domínio de conceitos no processo de descrição, soluções algorítmicas em dada transação comercial de venda de bem ou serviço. O objetivo era verificar qual a contribuição desse recurso pedagógico no desenvolvimento de programas que contemplassem os atributos essenciais e característicos de venda.

Os dados levantados evidenciam que os estudantes utilizaram os mapas como recurso de estruturação das informações, representando ideias e seus relacionamentos de forma lógica e coerência; todavia, não como ferramenta obrigatória para desenvolver modelos de dados, mas enquanto recurso alternativo, não oficial.

As proposições utilizadas na construção dos mapas conceituais permitiram perceber as prováveis inconsistências para além do pontual, ao mesmo tempo que favoreceram a reflexão e a depuração. Se os mapas conceituais não contribuíram significativamente como um diferencial, aos menos facilitaram a compreensão ou o aprimoramento do conceito de venda, e o posterior desenvolvimento do algoritmo e respectivo programa.

As tecnologias utilizadas contribuíram como facilitador do processo de ensino e aprendizagem, porém não foram soberanas no trabalho, pois estavam a serviço do ensino dos conceitos, devendo a natureza destes ser compreendida previamente pelo docente.

Como apontamento para futuros trabalhos com mapas conceituais, recomendamos o uso destes no início da disciplina, e não apenas em um tópico isolado, para condicionar os estudantes a estabelecerem ligações lógicas e organizar as ideias desde o começo do curso. Consideramos relevante estimular os estudantes a desenvolver várias versões de mapas conceituais, a fim do docente e do próprio estudante acompanhar a construção do conhecimento. Por meio dos mapas conceituais, os estudantes passam a possuir uma visão geral da questão, com a identificação clara de quais são os elementos necessários ao estudo do conceito de vendas. Ao aprimorar o entendimento desses elementos, o estudante estará mais suscetível a assimilar o objeto de estudo em questão.

Referências

AUSUBEL, D. P.; NOVAK, J. D.; HANESIAN, H. **Psicologia educacional.** 2. ed. Rio de Janeiro: Interamericana, 1980.

BARANAUSKAS, M. C. C. *et al*. Uma taxonomia para ambientes de aprendizagem baseados no computador. *In*: VALENTE, J. A. (Org.). **O computador na sociedade do conhecimento**. Campinas: Gráfica Central da UNICAMP, 1993. p. 49-87.

COLL, C. *et al*. **O construtivismo na sala de aula**. 6. ed. São Paulo: Editora Ática, 2006.

DAVIS, P. J.; HERSH, R. **O sonho de Descartes**. 2. ed. Rio de Janeiro: Francisco Alves, 1998.

FARRER, H. *et al*. **Programação estruturada de computadores**: algoritmos estruturados. 2. ed. Rio de Janeiro: Guanabara, 1989.

FORBELLONE, A. L. V.; EBERSPACHER, H. F. **Lógica de programação**: a construção de algoritmos e estrutura de dados. 2. ed. São Paulo: Makron Books, 2000.

HOFF, M. S.; WECHSLER, S. M. Processo resolutivo do jogo computadorizado Tetris: análise microgenética. **Psicologia**: Reflexão e Crítica. Porto Alegre, v. 17, n. 1, p. 129-141, 2004.

KLAUSMEIER, H.; GOODWIN, W. **Manual de psicologia educacional**: aprendizagem e capacidades humanas. Tradução de Maria Célia T. A. de Abreu. São Paulo: Harper & Row do Brasil, 1977.

LEMOS, E. S. (Re) Situando a teoria de aprendizagem significativa na prática docente, na formação de professores e nas investigações educativas em ciências. **Revista Brasileira de Pesquisa em Educação em Ciências**, Natal, v. 5, n. 3, p. 38-51, 2005.

LOMÔNACO, J. F. B. *et al*. Do característico ao definidor: um estudo exploratório sobre o desenvolvimento de conceitos. **Psicologia**: Teoria e Pesquisa, Brasília, v. 12, n. 1, p. 51-60, jan./abr. 1996.

MOREIRA, M. A. **Aprendizagem significativa**: a teoria e textos complementares. São Paulo: Livraria Física, 2011.

MOREIRA, M. A. Aprendizagem significativa: um conceito subjacente. *In*: ACTAS Encuentro Internacional sobre el Aprendizaje Significativo. Burgos, Espanha: [s. n.], 1997. p. 17-44.

MOREIRA, M. A.; MASINI, E. F. S. **Aprendizagem significativa**: a teoria de aprendizagem de David Ausubel. 2. ed. São Paulo: Centauro Editora, 2006.

NOVAK, J. D.; CAÑAS, A. The theory underlying concept maps and how to construct and use them: Technical Report IHMC CmapTools 2006-01 Rev 01-2008, **Florida Institute for Human and Machine Cognition**, [s. l.], 2008. Disponível em: http://cmap.ihmc.us/Publications/ResearchPapers/TheoryUnderlyingConceptMaps.pdf. Acesso em: 17 jul. 2022.

NOVAK, J. D.; GOWIN, B. **Aprender a aprender**. Lisboa: Plátano Edições Técnicas, 1996.

POMPILHO, S. **Análise essencial**: guia prático de análise de sistemas. Rio de Janeiro: Editora Ciência Moderna, 2002.

RAMOZZI-CHIAROTTINO, Z. **Psicologia e epistemologia genética de J. Piaget**. São Paulo: EPU, 1988.

SOUSA, A. T. O. de; FORMIGA, N. S.; OLVEIRA, S. H. dos S.; COSTA, M. M. L.; SOARES, M. J. G. O. A utilização da teoria da aprendizagem significativa no ensino da Enfermagem. **Rev. Bras. Enferm**. 2015 jul-ago;68(4):713-22. Disponível em: https://www.scielo.br/j/reben/a/kTwtbYttbRcLp45mBCHFsFv/?format=pdf&lang=pt. Acesso em: 15, abr 2024.

SOUZA, C. W. Z. **A gamificação como recurso para promover a reaprendizagem de conteúdos no ensino técnico em enfermagem**. 2022. Dissertação (Mestrado em Educação) – Universidade do Oeste Paulista, Presidente Prudente, 2022.

TEIXEIRA, L. R. M. Dificuldades e erros na aprendizagem da matemática. *In*: ENCONTRO PAULISTA DE EDUCAÇÃO MATEMÁTICA, 7., 2004, USP/SP. **Anais** [...]. São Paulo: SBEM, 2004, p. 1-15.

EXPLORAÇÃO DE CARACTERÍSTICAS DEFINIDORAS DE POLÍGONOS REGULARES VIA LOGO 3.0: UMA INVESTIGAÇÃO COM CRIANÇAS DOS ANOS INICIAIS[9]

Juliane do Nascimento Mosquini
Klinger Teodoro Ciríaco

1 Introdução

O capítulo em tela visa discutir resultados e encaminhamentos de uma pesquisa intervenção realizada com base em uma experiência dos autores enquanto estudantes do Programa de Pós-Graduação em Educação da Faculdade de Ciências e Tecnologias da Universidade Estadual Paulista "Júlio de Mesquita Filho" (PPGE/FCT/UNESP), no contexto de uma turma dos anos iniciais do ensino fundamental.

Os dados foram produzidos no ano letivo de 2010, e contamos com apoio teórico-metodológico constituído com base na fundamentação estudada, debatida e ressignificada na disciplina *Aprendizagem de Conceitos Escolares e as Tecnologias*, cursada durante o primeiro semestre do mestrado. Enquanto professores e estudantes pesquisadores, aventuramo-nos em uma turma de quinto ano para explorar características definidoras do conceito de polígono regular junto às crianças na rede municipal de Pompéia/SP.

Nosso interesse nesse campo da Matemática escolar reside no reconhecimento de que diversas pesquisas, na área da Educação Matemática, apontam que a geometria é pouco trabalhada pelas/os professoras/es dos primeiros anos de escolarização, implicando abandono (Pavanello, 1993). Ao refletirmos sobre as experiências escolares, quem estudou até

---

[9] Este trabalho foi produzido na disciplina Aprendizagens de Conceitos Escolares e as Tecnologias, ministrada pelas professoras doutoras Maria Raquel Miotto Morelatti e Leny Rodrigues Martins Teixeira, no curso de mestrado do PPGE/FCT/UNESP, no primeiro semestre de 2010.

o final da década de 1990 se lembrará, certamente, de que essa área do conhecimento matemático ficava destinada ao fim do ano letivo, justamente porque a geometria estava disposta nos últimos capítulos de livros didáticos e materiais de instrução.

Uma das possíveis explicações para isto reside, segundo Pavanello (1993), no fato de que parece existir predominância de um enfoque excessivo nas relações numéricas e nas operações aritméticas iniciais. Em geral, na leitura interpretativa que fazemos dessa realidade, que permanece presente na contemporaneidade nas instituições de ensino, isso é fruto de lacunas na formação inicial das/os docentes ou, ainda, essa regularidade pode se sustentar em um mito que consiste em apresentar as formas geométricas sem sistematizar o conceito, explicando suas propriedades à criança.

A constatação dessa realidade implica

> [...] a necessidade de investimentos em pesquisas sobre metodologias mais apropriadas para a abordagem desse conteúdo e em ações destinadas a proporcionar aos professores condições para a melhoria da qualidade desse ensino. (Pavanello, 1993, p. 16).

Dito isso, justificamos assim a necessidade de intervir em contextos específicos de ensino e aprendizagem, aqui em defesa de um processo de mediação pedagógica apoiada na adoção de tecnologias (o uso do computador, neste caso de softwares), a exemplo da exploração do Super Logo 3.0.

Assim, para atingir os objetivos que estruturamos, o capítulo se apresenta em 5 subseções: 1. "Introdução", que situa a/o leitora/leitor acerca do foco e contexto da intervenção; 2. "Referencial teórico", espaço de discussão da tríade que fundamenta o trabalho, isto é, educação-tecnologia-conceitos; 3. "Caminhos metodológicos", cujo foco reside na exposição dos elementos centrais que envolveram a experiência; 4. "Descrição e análise de dados", onde se destaca o direcionamento da vivência na turma dos anos iniciais; e 5. "Considerações finais", ao refletirmos sobre limites, desafios e potencialidades da adoção da tecnologia em sala de aula, com ênfase no espaço em que o trabalho transcorreu.

2 Referencial teórico: algumas considerações sobre geometria, tecnologia e aprendizagem de conceitos

2.1 Geometria na escola fundamental

De modo comum a geometria ensinada na escola é sustentada pela chamada "geometria euclidiana", elaborada pelo matemático grego Euclides. Na visão de Euclides, o conhecimento geométrico ocorre "através de enunciados, de definições, postulados e axiomas para a dedução dos teoremas" (Brasil, 2008, p. 10).

Neste entendimento, os saberes geométricos são tidos como verdades inquestionáveis; e a escola, por sua vez, ao ensinar geometria, reproduz o modelo euclidiano, pois aborda os conhecimentos geométricos como se fossem universais e absolutos. Contudo, é preciso romper com a concepção internalista da matemática, que privilegia o modo de pensar dos matemáticos e se preocupa apenas com os conceitos postos e dados científicos, para então buscar uma concepção externalista, que pense outra forma de organizar o currículo.

De acordo com os Parâmetros Curriculares Nacionais (PCN) (Brasil, 1997), a criança precisa aprender a deslocar-se mentalmente e a perceber o espaço por diferentes pontos de vista. Isso se torna importante para que ela adquira uma coordenação espacial "e nesse processo está a origem das noções de direção, sentido, distância, ângulo e muitas outras essenciais a construção do pensamento geométrico" (Brasil, 1997, p. 126).

O ensino de geometria precisa passar de um espaço perceptivo para um espaço representativo — onde a criança é capaz de representar mentalmente os objetos. Nos anos iniciais do ensino fundamental, o objetivo do ensino de geometria é multiplicar as experiências das crianças acerca dos objetos do espaço em que vive para que ultrapassem o pensamento sensorial e físico e penetrem no domínio dos objetos representativos, ou seja, dos objetos geométricos. Neste sentido, as tarefas desenvolvidas precisam levar o aluno a se situar no espaço para que possa localizar e deslocar-se ali, bem como compreender e ser capaz de utilizar termos como esquerda, direita, giro, distância, deslocamento, acima, abaixo, ao lado, na frente, atrás, perto.

Partindo desses princípios, o computador pode ser um recurso fundamental no processo de construção do pensamento geométrico pela criança. Por intermédio da linguagem de programação Logo, por exemplo, o aluno pode construir conceitos, e, por essa razão, justificamos a opção da adoção de um software como a linguagem Logo 3.0 para exploração da noção de conceitos como o de polígonos regulares.

Segundo Valente (2002), o aluno aprende sobre um Logo enquanto está usando esse comando para realizar suas atividades. Com isso, este produz na tela do computador um resultado "que leva o aprendiz a querer resolver um determinado problema que demanda a coordenação desse comando com outros que devem ser adquiridos" (Valente, 2002, p. 18).

Ainda no ambiente da linguagem de programação do software Logo 3.0, é permitido ao aluno adquirir conhecimento por meio do processo de representações, que o leva a compreender conceitos complexos e abstratos. Assim, tem a oportunidade de expressar suas ideias usando o programa e pode compreender, além do problema que está pretendendo resolver, os conceitos que estão envolvidos, chegando a uma representação formal de seu raciocínio.

Com a linguagem de programação Logo, é possível explorar tarefas espaciais, as quais permitem o contato do aluno com o computador. Nas atividades espaciais, o discente aprende comandos e por meio desses comandos pode desenvolver conceitos espaciais, numéricos e geométricos para serem utilizados em diferentes situações. Também é possível criar termos e procedimentos com o uso desse programa, além de propiciar ao aluno a elaboração de diferentes atividades (Valente, 1993).

Segundo Papert (1985), com a programação Logo, o computador adquire outra função: coloca a criança no controle da situação, é ela quem programa o computador. Nessa abordagem, ela tem a oportunidade de explorar o seu próprio pensamento. Para o autor, ao refletir sobre os *modos de pensar*, a criança pode tornar-se um epistemólogo, isto é, atuar como construtor ativo de suas próprias estruturas intelectuais.

Nesse ambiente interativo, a criança necessita, para desenvolver o que lhe fora proposto, pensar epistemologicamente, ou seja, pensar em como resolver um determinado problema para, posteriormente, dar os comandos à tartaruga (cursor do mouse no ecrã do computador), que conduzirá ao caminho desejado. Isso se reflete em uma aprendizagem mais significativa, uma vez que a criança acompanha passo a passo as regularidades e propriedades de cada figura geométrica a ser construída no ambiente virtual.

É comum o uso dos polígonos regulares em nosso cotidiano, e podemos observar um exemplo prático dessa afirmativa na colmeia das abelhas, que tem o formato de hexágono (as bolas de futebol também apresentam características dos polígonos). Como a literatura vem apontando, as crianças já constroem alguns conceitos geométricos antes de entrarem na escola, daí acreditarmos que, com a aplicação dessa atividade no ambiente interativo Logo 3.0, a aprendizagem se torne significativa para o contexto em que a criança se encontra.

Nosso interesse em se trabalhar com um projeto de intervenção com essa temática decorre da constatação de que:

> Na prática, vem sendo dada à geometria menos atenção do que ao trabalho com outros temas e, muitas vezes, confunde o seu ensino, com o de medidas. A geometria é um ramo importante da Matemática tanto como objeto de estudo, como instrumento para outras áreas. No entanto, os professores do ensino fundamental apontam a geometria como um dos problemas de ensino-aprendizagem. O diagnóstico dessa situação vem sendo discutido nos meios acadêmicos, em alguns segmentos da sociedade e inclusive, em algumas instâncias governamentais. (Almouloud; Mello, 2000, p. 1).

Entendemos que, para se "apropriar" de alguns conceitos matemáticos[10] e poder ensinar, é preciso que o professor saiba bem o assunto que propõe em sala de aula. Assim, com o Logo 3.0, não só o professor como também o aluno podem pensar o conceito de polígono regular compreendendo suas características por meio da descrição dos passos e a execução deles pela tartaruga[11].

Nessa perspectiva, consideramos importante a intervenção no trabalho pedagógico do professor com este projeto, pois estimamos que, com as relações geométricas estabelecidas durante a exploração do software Logo 3.0, as crianças tiveram a oportunidade de compreender as características definidoras dos polígonos regulares (em particular o triângulo equilátero e o quadrado), de forma a estabelecer um conhecimento matemático mais concreto no sentido de possibilitar uma aprendizagem significativa com a utilização do computador enquanto um recurso educacional favorável às práticas educativas em matemática.

---

[10] Neste caso, mais especificamente, os conceitos de Geometria.
[11] Este termo usado pelos autores que falam deste Software se fundamenta no fato de que no ambiente Logo 3.0 o cursor do mouse ao invés de uma seta é representado ao centro da tela do computador por uma tartaruga.

2.2 Tecnologia, computador e Logo 3.0

> A introdução das novas tecnologias – computadores, calculadoras gráficas e suas interfaces que se modificam a cada dia – tem levantado diversas questões. Dentre elas [...] as preocupações relativas às mudanças curriculares, às novas dinâmicas da sala de aula, ao "novo" papel do professor e ao papel do computador nesta sala de aula. (Borba, 1999, p. 285).

Para iniciarmos esta discussão sobre o uso do computador em educação, nos apoderamos dos pressupostos de Seymour Papert (1985), que nos esclarece algumas considerações acerca da cultura da era dos computadores. Assim, quando se fala do meio educacional, o computador é utilizado para fornecer informações à criança respeitando o ritmo dela. O que Papert (1985, p. 35) vem nos esclarecer é que "no ambiente Logo a relação é inversa: a criança [...] esta no controle – a criança programa o computador". Neste sentido, pode-se inferir que a criança ensina o computador a pensar. Para tal, ela passa a pensar em *como ela própria pensa*, para posteriormente expor os comandos ao computador: isto é bastante promissor, uma vez que pensar sobre os modos de pensar faz com que a criança se torne um epistemólogo.

Com relação a essa questão, Piaget (1964) enxerga a criança como construtora ativa de suas próprias estruturas intelectuais; isso, como bem diz Papert (1985), não significa que seus conhecimentos brotem do nada, tudo é construído na interação com o meio cultural que a rodeia.

Ao programar, o processo de aprendizagem é transformado. Diferentemente do que acontece com outras tecnologias da informação, como a TV, o computador dá a oportunidade para que o aprendiz pense e se imponha sobre as informações ou os registros nele disponíveis. Com a TV, por exemplo, a criança somente recebe as informações, num processo de conhecimentos quantitativo, e não qualitativo, e a criança, neste caso, fica na posição de ouvinte das explicações.

Papert (1985, p. 37) coloca ainda que o computador pode auxiliar

> [...] a compreender a idéia de que as conseqüências para o desenvolvimento intelectual provocadas por uma inovação poderiam ser qualitativamente maiores que os efeitos quantitativos acumulados de milhares de outras inovações [...].

Para explicar melhor essa afirmação, Papert (1985) faz uma diferenciação exposta por Piaget com relação ao pensamento concreto e o formal. Com isso, Papert supõe que o computador pode concretizar o pensamento formal, ele é o único a nos permitir a abordar a passagem do pensamento infantil para o pensamento adulto, concretizando dessa forma as estruturas mentais das crianças.

Para corroborar essa afirmação, este autor traz, com sua trajetória profissional, diversos exemplos e testes que vêm nos conscientizar de que a utilização do computador como meio educacional (em especial com o sistema Logo) pode ser a resposta para as muitas indagações que permeiam o processo de ensino-aprendizagem nas escolas.

Assim, embora sejam muitas as resistências a esse uso específico na educação, Papert (1985) procura expor-nos que, se a educação usufruir do computador para transformar o acesso ao conhecimento, serão grandes as influências positivas na maneira de pensar das pessoas. Para especificar as influências do uso das tecnologias nessa área, o autor enfatiza algumas linguagens de programação, das quais selecionamos a linguagem Logo 3.0 para que pudéssemos realizar as atividades que serão analisadas no decorrer deste texto.

Com isso, ao rompermos essa barreira de aceitação do uso de computadores como meio educacional, poderemos provocar um renascimento sobre o pensar da educação, criando um processo de aprendizagem mais significativo às crianças.

2.3 A aprendizagem de conceitos

Segundo Piaget (1973 *apud* Ramozzi-Chiarottino, 1988), existem dois processos na ação da criança que são importantes para a construção da experiência lógico-matemática. A primeira ação da criança é sobre os objetos, e nesse período a sua ação ainda está centrada na percepção e na sensibilidade. Dessa forma, os aspectos visuais, como a cor, a forma e o tamanho, isto é, as propriedades físicas dos objetos, são determinantes para elas.

A partir da experiência que a criança tem com os objetos, ela adquire as suas propriedades, bem como os limites de sua ação sobre eles. Nesse sentido, a segunda ação implica a abstração dos conhecimentos adquiridos. A ação confere aos objetos propriedades que eles não possuíam, ou seja, que não eram visíveis ao objeto. A experiência neste caso está relacionada "à relação entre os objetos, estabelecida pela coordenação das ações. Aqui o conhecimento é abstraído da ação como tal e não das propriedades físicas do objeto " (Ramozzi-Chiarottino, 1988, p. 38-39).

De acordo com Lomônoco (1996, p. 54), a questão da aprendizagem de conceitos está relacionada a uma mudança qualitativa que ocorre com a idade e "implica num gradual afastamento das propriedades características dos exemplos de uma categoria, e numa conseqüente aproximação ou atenção as suas propriedades definidoras". As propriedades definidoras constituem o conjunto de aspectos necessários e suficientes para se definir um conceito. E as propriedades características referem-se às propriedades comuns à grande parte dos exemplos de um conceito, mas que, por outro lado, não são comuns a todos.

A teoria de Klausmeier e Goodwin (1977) acerca da aprendizagem de conceitos remete-se ao fato de que, quanto maior domínio tiver um indivíduo sobre qualquer conceito, maior será a sua capacidade de denominar os atributos definidores desse conceito e saber utilizá-los. Nesse sentido, reconhecer e denominar os atributos definidores de um conceito é de fundamental importância para a validade e a aplicação deste.

Neste sentido, para poder ensinar e para que esse ensino seja efetivo, os professores precisam identificar o que deverá ser aprendido antes de ser ensinado. O professor deve analisar o conceito de forma que encontre uma definição; identifique os atributos definidores e os atributos irrelevantes; a taxonomia; os exemplos e os não exemplos e os princípios que determinam esse conceito.

Nos anos iniciais do ensino fundamental,

> Entre as figuras planas, as mais estudadas, nos primeiros ciclos escolares, são os polígonos e os círculos. Os polígonos de três lados são chamados triângulos; de quatro lados, quadriláteros, de cinco lados, pentágonos; e assim por diante. Porém, é fundamental enfatizar que a classificação sistemática dos polígonos e, sobretudo, dos triângulos e quadriláteros não é o objeto principal de estudo nesse nível da escolaridade. (Bittar; Freitas, 2005, p. 98).

Com base nesta constatação, a de que as figuras planas mais estudadas nos primeiros ciclos são polígonos e círculos, selecionamos os polígonos regulares para desenvolver a atividade que será apresentada neste capítulo.

Assim, é preciso dizer que utilizamos duas figuras geométricas para a aplicação da intervenção no município em que as atividades foram realizadas; uma das figuras pertence à classe dos triângulos, o triângulo equilátero; e a outra, à classe dos quadriláteros, sendo um quadrado.

No que se refere à aprendizagem dos polígonos iniciados, em um primeiro momento, nos anos iniciais do ensino fundamental, incluímos o uso do computador enquanto recurso pedagógico, fato este que pode contribuir significativamente para a aprendizagem matemática da criança. Entre os polígonos, os que "têm todos os lados iguais e todos os ângulos internos com a mesma medida são chamados **polígonos regulares.** Desse modo, o triângulo eqüilátero e o quadrado são polígonos regulares" (Bittar; Freitas, 2005, p. 114).

Neste contexto, em uma aula como a que desenvolvemos nos anos iniciais, "podemos substituir a palavra **congruente** por **igual**, pois seria complicado explicar a sutil diferença entre essas duas palavras para as crianças desse nível de escolaridade" (Bittar; Freitas, 2005, p. 123). Tomando como referência o que sugerem os autores, optamos em substituir estes termos em nosso trabalho: neste caso, quando a palavra **igual** se fizer presente no texto, e porque a estamos utilizando para dizer que as figuras são **congruentes**.

3 Caminhos metodológicos

Para desenvolver este projeto de intervenção pedagógica, estabelecemos como critério uma turma de quinto ano do ensino fundamental, sendo esta do município de Pompéia. Dessa forma, utilizamos o laboratório de informática disponibilizado pela direção da escola. O tempo inicial destinado ao projeto foi de duas aulas (aproximadamente cem minutos).

Nossa primeira ação, antes do desenvolvimento do planejado, foi estabelecer um diálogo com a professora da sala. Com essa primeira aproximação, buscamos esclarecer o objetivo da realização da tarefa proposta, nossos propósitos, o que buscávamos investigar e de que forma poderíamos contribuir para a prática pedagógica em seu trabalho.

Dessa conversa, foi realizado um levantamento acerca dos conteúdos que estavam sendo trabalhados ou que já haviam sido explorados em geometria com as crianças até aquele momento. Um dos objetivos do levantamento foi verificar se a professora já havia ensinado polígonos, uma vez que nossa intenção consistia em investigar as contribuições do uso do software Logo 3.0 para a compreensão dos aspectos definidores dos polígonos regulares (triângulo equilátero e quadrado).

Verificamos que a professora ainda não havia iniciado tal estudo. A partir dessa constatação, tomando como base os pressupostos da teoria de Klausmeier e Goodwin (1977), tornou-se necessário realização de uma atividade para trabalhar com alguns atributos definidores do conceito de polígonos, por ser esse um conceito-chave para a compreensão dos aspectos definidores de polígonos regulares.

Partindo dos pressupostos de Klausmeier e Goodwin (1977), no campo da matemática, "polígonos regulares" pode ser um subconceito de um conceito maior e mais abrangente, ou seja, "polígonos". Ensinar um determinado conceito requer levar os alunos a descobrirem os atributos definidores deste, bem como propiciá-los à realização de uma sequência de atividades que envolvam um conjunto de exemplos e não exemplos do conceito a ser ensinado e situações em que seja possível a aplicação.

No que tange à utilização do software Logo 3.0 para a compreensão dos atributos definidores dos polígonos regulares, em especial o quadrado e o triângulo equilátero, a atividade se caracteriza pela abordagem construcionista, que, conforme afirma Papert (1994), é uma filosofia educacional que nega esta "verdade óbvia". Não coloca em dúvida o valor da instrução[12] como tal, afinal isso seria em vão (mesmo com a afirmativa de que cada ato de ensino priva a criança de uma descoberta, não é um imperativo contra o ensinar). Com a atitude construcionista, a meta é ensinar de forma a produzir uma maior aprendizagem partindo do mínimo de ensino, assim a criança terá maiores oportunidades de descobertas por si própria.

Cabe ressaltar que, para este capítulo, os autores optaram por apresentar um recorte dos dados produzidos durante a intervenção, centrando o olhar sobre a aula que fez uso do software Logo 3.0.

4 A construção no ambiente Logo 3.0

Para iniciar a construção do quadrado no ambiente Logo 3.0, conversamos com os alunos sobre o que era um "quadrado" e pedimos que nos dessem as características dessa figura. Eles a princípio o definiram

---

[12] Podemos fazer uma analogia entre instrução e ensino tradicional, e nesta lógica o construcionismo está para construtivismo.

apenas como uma figura de quatro lados, mas, após algumas intervenções feitas por nós, chegaram à conclusão de que os lados eram iguais.

A construção da figura ocorreu posteriormente a uma primeira conversa e exploração a respeito do software. Primeiro, foram investigadas com as crianças as possibilidades de locomoção da tartaruga, e as respostas foram: para frente, para trás, para os lados direito e esquerdo. Depois, foi possível estabelecer com as crianças os comandos necessários para que a tartaruga se locomovesse na tela e, com a discussão do primeiro comando PF, logo concluíram que para trás era PT; para a direita, PD; e para a esquerda, PE. Assim, os alunos foram convidados a explorar esses primeiros comandos no programa, o que possibilitou discussões como:

> **Pesquisador:** *"Será que para a tartaruga andar para frente basta eu colocar apenas PF?"*
>
> **Alunos:** *"Sim/não"* (divisão das respostas);
>
> **Pesquisador:** *"Porque não?"*
>
> **Aluno:** *"Porque senão a tartaruga não sai do lugar"*.
>
> **Pesquisador:** *"O que é preciso fazer então?"*
>
> **Aluno:** *"Colocar um número"*.
>
> **Pesquisador:** *"Pra quê?"*
>
> **Aluno:** *"Para a tartaruga andar"*.

Cada aluno escolheu um número para que a tartaruga andasse para frente; e, ao realizar esse primeiro comando, puderam observar os riscos produzidos pela tartaruga na tela. Neste momento, observaram que, ao colocar um número muito pequeno, como 10, o risco produzido pela tartaruga era curto; já ao colocar 500, o risco era grande demais, então optaram por colocar números entre o intervalo de 30 e 200.

Um fato intrigante com os alunos foi o momento em que foram solicitados a movimentar a tartaruga para os lados. Cada aluno escolheu uma direção (direita ou esquerda) e, ao descrever os comandos PD/PE e colocar um número (pois os alunos seguiram os mesmos comandos do PF e PT), ficaram surpresos com o resultado. Alguns disseram: *"Ah, professora, a minha tartaruga ficou muito estranha!"*; *"Eu coloquei para a direita, mas a minha tartaruga não ficou do lado direito!"*; *"Não entendi: por que a tartaruga não ficou certinha?"*

Estas falas dos alunos demonstraram que eles não haviam compreendido por que a tartaruga não tinha virado "certinho" para o lado direito, isto é, não tinha virado reto, como era o esperado. Esse foi um momento de discussões com os alunos sobre o movimento realizado pela tartaruga ao virar para direita ou esquerda. Para tanto, foi preciso demonstrar, por meio do corpo, como esse movimento era realizado pela tartaruga, bem como explicar a elas a necessidade de indicar também a quantidade em que a tartaruga precisava girar e que esse número representava uma medida do giro, ou seja, do ângulo.

A fim de refletir sobre o "virar reto" pela tartaruga, foi promovida uma discussão:

> **Pesquisador:** *"Que números vocês colocaram?"*
>
> **Alunos:** *"100, 58, 120, 200..."*
>
> **Pesquisador:** *"Por acaso a tartaruga de alguém virou retinho?"*
>
> (Nesse momento duas crianças levantaram a mão.)
>
> **Pesquisador:** *"Que números vocês colocaram para a tartaruga virar desse jeito?"*
>
> **Alunos:** *"90"*.
>
> Nesse momento alguns alunos se manifestaram dizendo:
>
> **Alunos:** *"Então, é 90 que a gente usa pra tartaruga virar retinha?"*
>
> **Pesquisador:** *"Sim! É isso mesmo!"*

Ainda com os alunos, foi possível refletir sobre os comandos PD/PE, uma vez que ficaram intrigadas quando a tartaruga apenas virou para o lado (direito/esquerdo), sem produzir nenhum resultado na tela. Após algumas discussões, chegaram à conclusão de que esses comandos faziam a tartaruga apenas virar para o lado direito ou esquerdo e que, para que ela desenhasse na tela, era preciso continuar colocando o comando PF mais o número de passos que a tartaruga deveria andar.

Para a construção do quadrado no software, os alunos foram levados a refletir sobre as características dessa figura, mas, como se limitaram a identificá-la como uma figura de quatro lados iguais, foi necessário explorá-la utilizando como recurso o chão da sala, formado por regiões quadrangulares.

Assim, foi possível pedir aos alunos que, pensando na construção do quadrado no ambiente Logo 3.0, descrevessem os comandos necessários para que a tartaruga produzisse essa figura na tela do computador. O resultado foi o seguinte:

PF 90 (para frente 90 passos)

PD 90 (para direita 90º)

PF 90

PD 90

PF 90

PD 90

PF 90

Essa primeira intervenção contribuiu significativamente para que compreendessem com facilidade a construção do quadrado no ambiente Logo 3.0, pois, ao construir a figura no software, as crianças perceberam que, por se tratar de uma figura de quatro lados e quatro ângulos de mesma medida, era preciso repetir os comandos "quatro" vezes.

Com relação à construção do triângulo equilátero, percebemos que a única figura de triângulo conhecida até o momento pelas crianças era a mesma, a que normalmente é trabalhada na escola e que mostra o triângulo somente por uma posição no plano, tida como a tradicional.

Ao término da primeira parte da atividade "Trabalhar o conceito de quadrado", foi iniciada a tarefa com o triângulo equilátero. Primeiramente, foram desenhadas na lousa várias figuras de triângulo (isósceles, escaleno, equilátero e reto) em posições diversificadas. As crianças deveriam identificar, entre todas as figuras, quais eram triângulos. A intenção era saber se as crianças reconheciam os diferentes tipos de triângulo em diferentes posições.

Quando questionados sobre as figuras que eram triângulos, todos responderam ao mesmo tempo, apontando para a figura que se encontrava no centro e que representa o estereótipo de triângulo, a única forma de triângulo ensinada na escola:

Figura 3.1 – Estereótipo da representação do triângulo

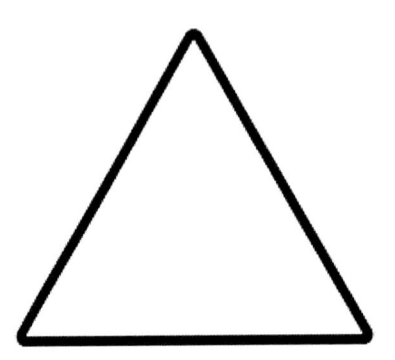

[Triângulo equilátero]

Fonte: elaboração própria

O interessante da atividade, e que propiciou uma discussão rica para o grupo sobre o que é triângulo, foi o momento em que uma criança apontou outra figura dizendo *"Este também é triângulo!"*[13] A partir disso, surgiram algumas questões:

> **Pesquisador:** *"Então qual figura a mais destas também é um triângulo?"*
>
> (Os alunos foram apontando uma a uma as figuras enquanto o pesquisador circulava na lousa até que não sobraram figuras.)
>
> **Alunos:** *"Ah, então todas as figuras são triângulos!"*
>
> **Pesquisador:** *"Por que todas essas figuras são triângulos?"*
>
> **Alunos:** *"Porque todas têm três lados"*.

Depois foi solicitado a elas que tentassem descrever, por meio de comandos, os passos necessários para a construção do triângulo equilátero; primeiro atentando para algumas questões importantes e que foram discutidas com os alunos (triângulo é uma figura que possui três lados iguais e três ângulos iguais, que eles chamavam de "cantos"). Um dos alunos da turma se manifestou dizendo que gostaria de descrever os comandos, enquanto o restante da classe acompanhava e auxiliava. Fez isto da seguinte maneira:

---

[13] As transcrições estão fidedignas na linguagem coloquial, da maneira como os sujeitos se manifestaram durante a atividade.

PE 30 (para a esquerda 30º)

PF 100 (para frente 100 passos)

PD 30

PF 100

PD 30

PF 100

A primeira impressão foi que os comandos dados pelo aluno estavam errados, no caso de terem começado com PE e depois mudado para PD. Mas, ao tentar reproduzir esses comandos, percebe-se que eles estão corretos em termos de direção, contendo apenas um equívoco com relação à medida do ângulo.

Dignas de realce foram: a lógica de raciocínio utilizada pelas crianças, a capacidade que elas têm para encontrar soluções aos desafios que lhes são propostos e, tal como deixamos de explorar e desenvolver, a capacidade de operar com o pensamento das crianças. Apesar de não saber a medida correta do ângulo, o aluno elaborou mentalmente os passos necessários para a construção do triângulo equilátero, conseguindo desenhá-lo em seu pensamento e transpondo-o para a classe.

Partindo desta situação, foi solicitado às crianças que construíssem, no ambiente Logo, um triângulo equilátero. As crianças utilizaram como medida do ângulo 30, 45, 60, 100... Não houve nenhuma interferência nesse momento, os alunos deveriam construir a figura no software e foram deixados livres para a realização da atividade. Mas, para a surpresa deles, ao tentarem desenhar o triângulo na tela, este não fechava, o que gerou certa inquietação nos alunos, com falas do tipo *"E agora? O triângulo não fecha?"* Alguns alunos se manifestaram dizendo: *"Eu consegui fechar o meu"*. Os outros, intrigados com tal fato, diziam: *"Como você fez isso?"*

Neste momento, foram observadas as estratégias utilizadas pelos alunos que haviam de certa forma "fechado o triângulo". Por meio do registro da descrição dos passos utilizados pelos alunos, foi possível verificar que utilizaram uma estratégia interessante: para conseguir fechar o triângulo, iam dando PF e testando o número de passos certos para que o triângulo fechasse; fazendo isso, alcançaram o objetivo.

Neste sentido, o programa Logo constitui-se em uma importante ferramenta educacional, pois possibilita o registro das ideias; ao professor, analisar o percurso do aluno e interferir, permitindo a reflexão e a depuração das ideias.

Este fato permitiu esta discussão com as crianças: mesmo que alguns alunos tenham conseguido fechar o triângulo, este não era equilátero, porque não tinha os lados e os ângulos de mesma medida; e, para que o triângulo fechasse, existia uma medida correta do ângulo. Então, um dos alunos, muito intrigado, se manifestou dizendo: *"Como é que eu vou saber a medida certa do ângulo? Não tem como eu saber"*.

Este momento seria o ideal para a inserção de novas discussões com as crianças, principalmente sobre ângulos, e o desenvolvimento de novas atividades para a compreensão do que é o ângulo e como podemos encontrar a medida do ângulo nas figuras (no caso da construção de uma figura no Logo, a medida seria do ângulo externo, pois o que vira no Logo para formar a figura é o ângulo externo, e não o interno, assunto que geraria novamente outras discussões e a construção de conceitos). Contudo, novamente as limitações do tempo e do desenvolvimento do projeto de intervenção não possibilitaram a exploração desses conceitos, deixando algumas questões de investigação em aberto.

Com a medida correta do ângulo, os alunos construíram a figura no programa, alguns logo perceberam que era só repetir os comandos três vezes, outros já precisaram de auxílio para a realização da atividade. No entanto, quando terminavam de construir o triângulo equilátero, ficavam maravilhados com a figura. Isto porque os alunos estão acostumados apenas a receber de forma pronta as figuras, sem serem instigados a pensar sobre elas. Quando colocados em uma situação de desafio, em que precisam mobilizar conhecimentos para a construção de conceitos, e na qual o processo é realizado pelo aluno, e não pelo professor, ficam maravilhados com o resultado, pois se sentem capazes de produzir conhecimentos.

5 Conclusões possíveis

A análise da intervenção permite-nos tecer alguns comentários acerca dos limites, desafios e possibilidades da adoção do computador como recurso de promoção à formação do pensamento geométrico infantil.

Acreditamos que, com as relações geométricas estabelecidas durante a exploração do software Logo 3.0, as crianças tiveram a oportunidade de compreender algumas das características do quadrado e do triângulo equilátero.

A utilização do computador (enquanto recurso pedagógico) veio contribuir de forma significativa para que os alunos estabelecessem uma relação concreta entre o conteúdo explorado, o que, a nosso ver, possibilitou uma aprendizagem significativa. A construção de objetos de aprendizagem baseados em softwares educativos, simulações digitais, jogos, entre outros, em atividades que envolvam conceitos propicia condições promissoras de investigação e de interiorização de conceitos matemáticos pela criança.

A mediação da atividade efetuada com software Logo 3.0 permitiu, sem dúvida, formas diversas de interagir com as crianças. A possibilidade de utilizar o computador como um recurso pedagógico permite aos que se "arriscam" efetuar diversos experimentos; entre eles, enfatizamos o fato oportunizar construir conceitos por meio da ação e reflexão, e que se torna possível pelo registro que o Logo 3.0 apresenta.

O avanço da tecnologia digital, de pesquisas na área de educação matemática valendo-se do computador, propicia o uso de cenas, imagens, sons, simulações, textos, entre outros, que oportunizam, de maneira efetiva, situações em que a aprendizagem da criança parte de suas mãos, ou seja, ela programa, pensa e conclui as atividades, como no caso da que realizamos com as crianças do quinto ano do ensino fundamental.

Contudo, cabe salientar que nos parece mais propício iniciar um conceito sempre tendo em vista que a aprendizagem ocorre em espiral, neste sentido é preciso voltar a alguns conceitos várias vezes antes de iniciar um novo assunto.

A experiência na coleta de dados da atividade que realizamos com os alunos da Escola A, aquela em que a professora já havia iniciado o estudo dos polígonos, se mostrou insatisfatória quanto às possibilidades de usufruir do ambiente Logo 3.0 para uma melhor aprendizagem. Já na Escola B, o fato de que a pesquisadora ter iniciado o estudo com os alunos permitiu-lhe um diagnóstico mais detalhado sobre o nível de conhecimento da turma, o que possibilitou um maior êxito nas questões abordadas nas aulas.

Em síntese, podemos inferir de nossa experiência que o professor deve ter, como afirma Shulman (1986), o **conhecimento do conteúdo**, próprio da área do conhecimento de que é especialista, por exemplo, a matemática (neste caso, o conceito de polígonos regulares); e o **conhecimento pedagógico do conteúdo (**"que permite ao professor perceber quando um tópico é 'mais fácil ou difícil', quais as experiências anteriores que os alunos possuem e as relações possíveis a serem estabelecidas" (Gonçalves; Gonçalves, 1998, p. 110).

Por fim, o professor deve ter o **conhecimento curricular**, que diz respeito ao conjunto de conteúdos a ser ensinado nos diferentes níveis e séries de escolaridade e os respectivos materiais didáticos a serem utilizados para a obtenção da aprendizagem pretendida — no caso aqui, especificamente, o momento adequado para iniciar o estudo dos polígonos regulares e os recursos pedagógicos que permitiriam uma maior abrangência do assunto, como a utilização de um software, como a linguagem Logo 3.0.

Concluímos desses resultados que se faz necessário reconhecer que a aprendizagem não ocorre de forma linear, sendo preciso, em momentos oportunos, retomar conceitos já trabalhados em sala de aula para a introdução de um novo conteúdo. Nas realidades apresentadas, podemos perceber que tanto a Escola A como a Escola B permitiram ricas possibilidades de trabalho envolvendo o uso do laboratório de informática. Isto significa que o computador pode, assim como assinala Papert (1994), ser um importante e promissor recurso pedagógico, desde que utilizado de maneira adequada.

Referências

ALMOULOUD, S. A.; MELLO, E. G. Iniciação à demonstração apreendendo conceitos geométricos. *In*: REUNIÃO DA ANPED, 23. **Anais** [...]. 2000. p. 1-15. Disponível em: http://www.anped.org.br/reunioes/23/textos/1930t.PDF. Acesso em: 14 maio 2024.

BITTAR, M.; FREITAS, J. L. M. **Fundamentos e metodologia de Matemática para os ciclos iniciais do ensino fundamental**. 2. ed. Campo Grande: Ed. UFMS, 2005.

BORBA, M. Tecnologias informáticas na educação matemática e reorganização do pensamento. *In*: BICUDO, M. A. V. (org.). **Pesquisa em educação matemática**: concepções & perspectivas. São Paulo: UNESP, 1999. p. 285-295.

BRASIL. Ministério da Educação. Secretaria de Educação Básica. **Pró-Letramento:** programa de formação continuada de professores dos anos/séries iniciais do ensino fundamental. Matemática. Ed. rev e ampl. incluindo SAEB/Prova Brasil matriz de referência. Brasília: MEC/SEB, 2008.

BRASIL. Ministério da Educação. Secretaria de Educação Fundamental. **Parâmetros curriculares nacionais**: Matemática. Brasília: MEC/SEF, 1997.

GONÇALVES, T. O.; GONÇALVES, T. V. O. Reflexões sobre uma prática docente situada: buscando novas perspectivas para a formação de professores. *In*: GERALDI, C. M. G.; FIORENTINI, D.; PEREIRA, E. M. A. (org.). **Cartografias do trabalho docente**: professor (a) – pesquisador (a). Campinas: Mercado das Letras; Associação de Leitura do Brasil, 1998. p. 105-134.

KLAUSMEIER, H. J.; GOODWIN, W. **Manual de psicologia educacional**: aprendizagem e capacidades humanas. Tradução de Maria Célia T. A. de Abreu. São Paulo: Harper & Row do Brasil, 1977.

LOMÔNOCO, J. F. B. Do característico ao definidor: um estudo exploratório sobre o desenvolvimento de conceitos. **Psicologia**: Teoria e Pesquisa, Brasília, v. 12, n. 1, p. 51-60, jan./abr. 1996.

PAPERT, S. **A máquina das crianças**: repensando a escola na era da informática. Tradução de Sandra Costa. Porto Alegre: Artes Médicas, 1994.

PAPERT, S. Computadores e culturas do computador. *In*: PAPERT, S. **Logo**: computadores e educação. São Paulo: Brasiliense, 1985. p. 35-57.

PAVANELLO, R. O abandono do ensino de geometria no Brasil: causas e conseqüências. **Zetetiké**, Campinas, ano 1, n. 1, p. 7-17, 1993.

PIAGET, J. Development and learning. **Journal of Research in Science Teaching**, New York, v. 3, n. 2, p. 176-186, 1964.

RAMOZZI-CHIAROTTINO, Z. **Psicologia e epistemologia genética de J. Piaget**. São Paulo: EPU, 1988.

SHULMAN, L. S. Those who understand: knowledge growth in teaching. **Educational Researcher**, New York, v. 15, n. 2, p. 4-14, 1986.

VALENTE, J. A. A espiral da aprendizagem e as tecnologias da informação e comunicação: repensando conceitos. *In*: JOLY, M. C. (org.). **Tecnologia no ensino**: implicações para a aprendizagem. São Paulo: Casa do Psicólogo, 2002. p. 15-37.

VALENTE, J. A. (org.). **O computador na sociedade do conhecimento**. Campinas: Gráfica Central da UNICAMP, 1993.

…

APRENDIZAGEM DE CONCEITOS GEOMÉTRICOS COM USO DE TECNOLOGIAS: CONTRIBUIÇÕES DE UMA EXPERIÊNCIA NOS ANOS INICIAIS DO ENSINO FUNDAMENTAL[14]

Andressa Florcena Gama da Costa

1 Introdução

As formas de interação e comunicação entre as pessoas alteram-se consideravelmente pelo uso das Tecnologias Digitais de Informação e Comunicação (TDICs). A rapidez com que recebemos e produzimos informações afeta a vida em sociedade, o trabalho, lazer e como aprendemos.

Nesse sentido, as escolas e os professores procuram compreender como as pessoas utilizam tais ferramentas tecnológicas, propondo ampliar o uso do entretenimento para a produção de conhecimento, na tentativa de superar algumas formas de ensinar.

Este capítulo refere-se aos resultados de um projeto de intervenção com uso de tecnologias desenvolvido no ano de 2012, em uma escola municipal da cidade de Presidente Prudente/SP, que atende alunos dos anos iniciais do ensino fundamental.

O projeto teve por objetivo compreender o processo de construção dos conceitos de figuras geométricas bi e tridimensionais utilizando como ferramentas tecnológicas: o computador e um software chamado Poly. Além disso, estabelecemos objetivos específicos, tais como: avaliar em que medida o software escolhido auxiliou a exploração desses conceitos; e se os conceitos propostos foram aprendidos de acordo com seus elementos definidores.

As primeiras etapas do projeto envolveram leituras e manipulação de diferentes softwares para ensino. Após a leitura sobre as tecnologias

---

[14] Fruto de um projeto de intervenção desenvolvido como instrumento avaliativo para a disciplina Aprendizagem de Conceitos Escolares e as Tecnologias, no ano de 2012, no PPGE/FCT/UNESP.

da informação e comunicação e tipos de softwares aplicados ao ensino, passamos ao estudo da aprendizagem de conceitos. Por fim, aprofundou-se o conhecimento a respeito dos conceitos ensinados, ou seja, figuras bi e tridimensionais, para enfim elaborar o projeto. A seguir, alguns pressupostos que endossam a proposta de intervenção.

2 O uso das tecnologias no espaço escolar

A sociedade moderna produziu muitos bens tecnológicos que se tornaram parte da nossa realidade e uso cotidiano. As tecnologias, pouco a pouco, foram introduzidas nas escolas com o intuito de ampliar as possibilidades de formação do aprendiz e sua participação na sociedade.

Acreditamos que o papel da escola não é exclusivamente promover acesso à informação (papel exercido pelas mídias), mas utilizar o aparato tecnológico presente nas escolas para criar ambientes mais motivadores de aprendizagem e consequentemente promover a formação dos alunos, afinal a "informação é parte necessária da formação" (Demo, 2000, p. 7).

No fim da década de 1990, quando os Parâmetros Curriculares Nacionais (PCN) (Brasil, 1997) foram publicados, previa-se para um futuro próximo o uso dos meios de informação e comunicação para uma ampla camada da população. Esse documento orientador, em relação ao currículo para educação básica, vigorou de 1997 a 2018, sendo, portanto, no momento da intervenção, o que orientava boa parte das diretrizes curriculares e prática dos professores, tomado também como referencial para a proposta.

Após 25 anos da publicação desse documento, observa-se ainda a necessidade de "incorporação de estudos nessa área, tanto na formação inicial como na formação continuada do professor do ensino fundamental, seja para poder usar amplamente suas possibilidades ou para conhecer e analisar *softwares* educacionais" (Brasil, 1997, p. 35).

Segundo Valente *et al.* (1999), as ações de formação docente podem contribuir para transformar a abordagem de ensino; entretanto, ainda se observa que "[...] os avanços tecnológicos têm desequilibrado e atropelado o processo de formação, fazendo com que o professor sinta-se eternamente no estado de "principiante" em relação ao uso do computador na educação" (Valente *et al.*, 1999, p. 12).

Já Lopes (2010) chama atenção para os cursos de licenciatura. No decorrer de sua pesquisa, buscou responder se esses cursos de universidades paulistas estavam formando professores para utilizar as TDIC. Para a autora, a licenciatura deveria

> [...] formar o professor "com" TDIC, no e pelo trabalho com as mesmas, propiciando-lhe não apenas conhecimentos teórico-práticos que lhe dê condições de escolha (adotar ou não as tecnologias), mas lhe permita construir um olhar crítico, evitando atribuir a essas tecnologias o estatuto de meros instrumentos para quaisquer finalidades. (Lopes, 2010, p. 43).

Segundo Valente (1993), o uso do computador na educação tem uma história que começa com a tentativa de imitar uma das atividades que acontecem em sala de aula: o ensino por instrução. As tentativas iniciais para uso do computador se resumiam ao ensino sobre informática (digitação, aprendizagem dos aparatos de hardwares, softwares etc.) e ensino via computador. Alguns problemas no uso dos laboratórios de informática escolar são: falta de objetivos sobre o conhecimento a ser ensinado ao aluno e pouco acesso por semana.

À medida que o uso se dissemina, surgem outras modalidades. "Num lado, o computador, através do software, ensina o aluno. Enquanto no outro, o aluno, através do software, ensina o computador" (Valente, 1993, p. 2).

No tipo de abordagem em que o aluno ensina o computador, temos as linguagens de programação computacional tipo Pascal, Logo, BASIC ou DBase. Aqui, o computador pode ser visto como uma ferramenta que permite ao aprendiz resolver problemas ou realizar tarefas como desenhar, escrever, comunicar-se etc.

Tomando como referência o tipo de interação que o aprendiz desenvolve com o computador, podemos classificar os softwares em fechados e abertos. Os fechados são aqueles em que o aprendiz realiza atividades de obtenção de informações do computador, todas as etapas já estão elaboradas e o aprendiz apenas executa o que lhe é solicitado. São softwares dessa categoria: tutoriais e exercício-e-prática ou ainda alguns jogos educacionais e a simulação.

Um software considerado aberto, por outro lado, possibilita ao aprendiz descrever informações ao computador, que por sua vez as processa e devolve na tela algum resultado, provocando um processo de reflexão referente ao ato de transmitir um comando ao computador e verificar o resultado obtido.

O uso que fazemos da ferramenta computador e os efeitos alcançados dependem da atenção dispensada a todos esses fatores indicados. O uso da tecnologia no espaço escolar pode representar uma opção mais motivadora para o ensino e ampliar as possibilidades de aprendizagem. Em síntese,

> O computador pode ser usado como elemento de apoio para o ensino (banco de dados, elementos visuais), mas também como fonte de aprendizagem e como ferramenta para o desenvolvimento de habilidades. O trabalho com o computador pode ensinar o aluno a aprender com seus erros e a aprender junto com seus colegas, trocando suas produções e comparando-as. (Brasil, 1997, p. 35).

Nesse sentido, caso a introdução do computador se faça sem o devido preparo do professor e da comunidade escolar, os benefícios que se esperam não serão alcançados. As tecnologias, os aparelhos e as mídias são ferramentas a serem exploradas no ensino. Assim, a forma de uso depende da clareza quanto ao potencial dessas tecnologias no trabalho pedagógico pretendido.

O uso do computador pretendido na ação de intervenção proposta leva em conta a sua importância enquanto uma das ferramentas de ensino. Valente *et al.* (1999, p. 93) ressaltam que, quando nos perguntamos "por que usar computadores na educação?", o mais provável é que estejamos interessados em:

> [...] explorar as características dos computadores que contribuem para o processo de conceituação ou construção do conhecimento. Estas características incluem a expressão do que o aprendiz está pensando em termos de uma linguagem formal e precisa, a execução do que ele está pensando em termos de resultados fieis e imediatos. Elas estão presentes nas atividades de programação e auxiliam o aprendiz a alcançar a fase de compreensão de conceitos. Ele pode refletir sobre os resultados de suas ações e ideias e esta reflexão é o mecanismo pelo qual o aprendiz se torna consciente de seu conhecimento e, assim, pode transformar seus esquemas mentais em operações e noções mais complexas.

O software Poly, escolhido para esta intervenção, permite a visualização, exploração, descoberta e manipulação de sólidos geométricos em seu formato tridimensional ou planificado (bidimensional). Além disso, a interação com o Poly possibilita ao aprendiz girar os sólidos geométricos e observar suas faces, vértices e arestas, encontrando características, regularidades e propriedades das figuras analisadas.

O potencial para o ensino com uso do computador e software escolhido, neste caso, reside justamente em ampliar as possibilidades de representação das figuras pela tela do computador, assim como partir do ensino investigativo com as crianças e alcançar a compreensão dos padrões e aspectos definidores das figuras bi e tridimensionais.

3 A aprendizagem de conceitos matemáticos com a tecnologia

Conhecer as ferramentas disponíveis para ensino é, sem dúvida, o ponto de partida; no entanto, compreender a natureza dos conceitos e como eles podem ser aprendidos é também imprescindível.

A dinâmica na qual o aluno coloca informações para o computador executar e em seguida visualiza o resultado de suas ações confirmando ou refutando suas hipóteses ampara o processo de ação e reflexão. Conforme Valente (2002), pode-se afirmar dessa metáfora dos ciclos (da ação à reflexão) que:

> A cada realização deste ciclo, as construções são sempre crescentes. Mesmo errando e não atingindo um resultado de sucesso, o aprendiz está obtendo informações que são úteis na construção do conhecimento. Na verdade, terminado um ciclo o pensamento nunca é exatamente igual ao que se encontrava no início da realização deste ciclo. Assim, a ideia que mais se adequa para explicar o processo mental dessa aprendizagem é uma espiral. (Valente, 2002, p. 8).

A espiral da aprendizagem, conforme Valente (2002), é interessante, pois considera o processo em que, mesmo o aprendiz errando, há um aumento de informações que lhe permite aproximar-se da definição lógica do conceito estudado. Assim, as etapas de interação do aprendiz com o computador nesse ciclo podem ser resumidas pela seguinte ideia: descrição-execução-reflexão-depuração-descrição.

A ideia de espiral da aprendizagem pressupõe um crescente aumento de informações por parte do aprendiz e a consequente construção do conhecimento. Nesse sentido, essa, como uma mudança gradual de pensamento, pode se aproximar da concepção de desenvolvimento de conceitos adotada por Lomônaco *et al.*:

> A mudança qualitativa que ocorre no desenvolvimento dos conceitos, com o decorrer da idade, implica num gradual afastamento das propriedades características dos exemplos de uma categoria, e numa consequente aproximação ou atenção a suas propriedades definidoras (Lomônaco *et al.*, 1996, p. 54).

Essa perspectiva é fundamental para a atividade de intervenção proposta, pois pressupõe que, em um trabalho desenvolvido com crianças, devemos ter em mente que as aproximações relativas aos conceitos propostos são graduais e exigem a exploração de múltiplos exemplos e situações que levem as crianças a entenderem os elementos definidores dos conceitos.

Tais elementos definidores dos conceitos estudados estão baseados nas ideias levantadas por autores da área (Bittar; Freitas, 2004; Vasconcellos, 2005). Assim sendo, podemos pensar nas grandezas bidimensionais como sendo

> [...] aquelas correspondentes a partes do plano. Uma forma de identificar uma figura plana é apoiá-la sobre uma superfície plana, por exemplo, sobre uma mesa, se todos os seus pontos ficarem em contato com a superfície da mesa, então a figura é plana. (Bittar; Freitas, 2004, p. 99).

Já os objetos tridimensionais povoam nosso mundo sensível, e, por isso, podemos considerar como exemplos de figuras tridimensionais

> [...] os paralelepípedos, as pirâmides, os prismas, os cilindros, os cones, as esferas, etc. Se espalharmos sólidos desse tipo pelo chão e caminharmos sem atenção tropeçaremos neles. No entanto, se, em vez deles, tivéssemos superfícies planas elas poderiam servir como tapetes muito finos e não atrapalhariam nossos passos. (Bittar; Freitas, 2004, p. 99-100).

Para Bittar e Freitas (2004), é viável proceder à classificação das figuras geométricas considerando o aspecto da dimensão: figura bidimensional (duas dimensões; comprimento e largura) e figura tridimensional (três dimensões; comprimento, largura e altura).

Na perspectiva de Miorim (1986 *apud* Vasconcellos, 2005), há dois aspectos a serem considerados para indicar a classificação das figuras. Um deles, já abordado, é a dimensão (descoberta pelo corte nas figuras geométricas): se obtemos uma linha ou curva, trata-se da grandeza unidimensional; se obtemos uma superfície, temos a grandeza bidimensional; e, se obtemos um sólido ou conjunto de superfícies, temos certamente um objeto tridimensional.

Outro aspecto destacado por Miorim refere-se à planicidade. Assim, teríamos dois grupos, os de figuras: planas e não planas. As *superfícies planas* são aquelas que não apresentam "ondulações, depressões, dobras ou rugosidades em qualquer de suas partes". São constituídas por curvas e/ou superfícies. Já nas *superfícies não planas*, compostas por sólidos: ao serem colocadas sobre uma mesa, nem todos os seus pontos entram em contato com este objeto (Miorim, 1986 *apud* Vasconcellos, 2005, p. 76, p. 41).

Entre os alunos, o processo de classificação das figuras geométricas e dos objetos em bi e tridimensionais toma como referência as características definidoras apresentadas pelos autores, tais como a dimensão contida nas figuras ou sólidos (comprimento, largura e altura) e sua planicidade (plano ou não plano).

Diante da necessidade de desenvolver práticas de ensino com uso dos recursos disponíveis nas escolas, neste caso, o computador, levando também em consideração os problemas relativos ao uso do computador na escola e formação de professores para este aspecto, e os pressupostos de uma aprendizagem para apropriação de conceitos de acordo com seus elementos definidores, organizou-se o projeto de intervenção; e a descrição do processo de ensino assim como os resultados obtidos são expostos a seguir.

4 O contexto e participantes envolvidos no projeto

O projeto de intervenção com o uso de tecnologias resulta da intenção de compreender o processo de construção dos conceitos de figuras geométricas bi e tridimensionais utilizando como ferramentas tecnológicas o computador e um software chamado Poly.

Apresentou-se a ideia a algumas professoras de uma escola municipal de Presidente Prudente, e o convite foi aceito por uma delas, que atuava com a turma de terceiro ano do ensino fundamental. A escola tem funcionamento em período integral, possui laboratório de informática, com 15 computadores, e a turma escolhida tem cerca de 20 alunos, com idades de 8 a 10 anos.

A seguir, a sequência didática de atividades para o ensino dos conceitos propostos.

Quadro 4.1 – Sequência de atividades propostas

ATIVIDADE	FORMA DE REFLEXÃO OU REGISTRO	OBJETIVO
Tapete. Espalhar folhas de papel pardo, separadas em colunas denominadas *esquerda* e *direita*, com formas tridimensionais (poliedros, corpos redondos) e bidimensionais (desenhos de tais objetos com figuras planas). Os alunos deveriam andar entre elas e tocá-las.	Roda de conversa sobre as diferenças e semelhanças entre as colunas. Depois, registrar por escrito o que foi notado pelos alunos, bem como manifestar com um desenho aquilo que viram sob o tapete.	Identificar a diferença entre o mundo a nossa volta, permeado de objetos tridimensionais, e a forma como representamos graficamente tais objetos, que pode variar de suas características reais.
Roda de conversa sobre as respostas produzidas e uma questão-problema: o cubo, o quadrado e a representação gráfica do cubo. O que é bidimensional e o que é tridimensional?	Roda de conversa.	Utilizar os termos geométricos para denominar os grupos do tapete e tentativa de elencar os elementos definidores de cada um dos conceitos bi e tridimensional.
Interação com o software Poly, que possibilita a planificação e montagem de sólidos geométricos.	A observação das diferentes manifestações das figuras geométricas.	Explorar as transformações das figuras planas para não planas, por meio do Poly.
Atividade de recorte da caixa de creme dental e registro da planificação obtida.	Registro escrito final a respeito das experiências com o software e com a caixa de creme dental e como podemos definir quando uma figura é bi ou tridimensional.	Retomar os conceitos estudados aplicando os conhecimentos à situação da caixa fechada e da caixa planificada como sendo representações da tri e bidimensionalidade.

Fonte: elaboração própria (2012)

No decorrer dos encontros, o agendamento para uso da sala de informática foi desnecessário, pois, segundo a professora da turma, essa sala era utilizada somente no período vespertino, quando os alunos estavam nas atividades recreativas ou de projetos extraescolares. Cogitamos, desse fato, que os professores dessa escola pouco têm desenvolvido atividades de ensino com o uso do computador.

5 Resultados

Na primeira atividade, organizou-se uma roda de conversa sobre as semelhanças e diferenças entre os objetos colocados do lado esquerdo, figuras tridimensionais e figuras bidimensionais do lado direito, com o registro por desenho. As crianças partiram da afirmação que alguns objetos pertenciam à realidade (lado esquerdo) e outros eram apenas desenhos (lado direito).

Com isso, começamos a discutir que realmente os objetos que estão ao nosso redor possuem algumas características em comum, utilizamos a caixa de sapato para explorar suas características, como o formato, e que, quando é preciso desenhá-la, utilizamos uma forma geométrica que representa a caixa. Eles responderam que a forma que ali representava a caixa era o retângulo.

Depois experimentamos tocar os objetos, a caixa novamente foi utilizada, agora para expressar as grandezas com três dimensões, ou seja, ela poderia ser medida no comprimento, largura e altura. Outro exemplo foi o cubo sendo tocado pelas mãos das crianças, que identificaram arestas e as medidas de comprimento, largura e altura.

Na continuidade, passamos ao estudo das figuras, passando a mão sobre elas. Discutimos com as crianças que os objetos podem ser manipulados, "apalpados", e nos desenhos apenas as tocamos, surgindo então o questionamento dessa situação. A hipótese das crianças era de que alguns não tinham tamanho (desenhos), outros utilizaram o termo "ausência de altura" para se referir às figuras.

Concordamos com essas ideias, ressaltando que, quando não há altura ou profundidade, não dá para "pegar", no caso, as figuras. Portanto, a representação que fazemos dos objetos são figuras desenvolvidas pelo homem para representar a realidade que nos cerca.

Nesse sentido, os registros dos alunos manifestam que consideram apenas a dimensão como fator de diferenciação entre as figuras; outros consideram somente a questão da planicidade; e outros não atingiram nenhum dos elementos definidores dos conceitos ou tiveram dificuldade em registrar por escrito sua resposta. Um dos alunos se aproximou dos dois elementos definidores do conceito: a dimensão (comprimento, largura e altura) e a planicidade (desenhos, planos e real, não plano).

> *O lado direito são desenhadas e só tem comprimento e largura, já o lado esquerdo são reais e tem largura comprimento e altura.* (Aluno 2).

Entre os alunos que consideraram a dimensão como fator de classificação das figuras, temos as seguintes hipóteses:

> *O lado esquerdo tem comprimento largura e altura e o lado direito tem comprimento, largura e não tem altura.* (Aluno 6).

> *Do lado esquerdo tem tamanho, largura e altura e o outro não tem altura.* (Aluna 12).

> *O lado direito tem comprimento, largura e altura e o lado direito tem comprimento, largura e não tem altura.* (Aluna 20).

Essas hipóteses da dimensão revelam que as crianças centraram atenção sobre as características de medidas, presença ou não do comprimento, largura e altura. Já para a hipótese de diferenciação baseada no critério de planicidade, percebemos um foco maior na questão de "passar a mão" (considerando que há objetos em que todos os pontos estão em contato com o plano e em outros nem todos os pontos ficam em contato). Para essa segunda hipótese, consideramos as seguintes respostas:

> *Do nado esquerdo é realidade e o lado direito não é realidade e também do lado esquerdo dá pra pegar e do lado direto não dá pra pegar [sic].* (Aluna 9).

> *O porquê do lado esquerdo é de verdade e o lado direito é só para passar a mão.* (Aluno 10).

Das respostas categorizadas como insuficientes ou inadequadas, surgem registros que revelam a dificuldade com o vocabulário geométrico "*O que tem de diferença? Não tem altura, na imaginação não dá pra relar em nada [sic]*" (Aluno 7). Ou, como no caso da Aluna 8, "*ESQUERDO DIREITO*", pois a aluna copiou os termos da própria atividade. E ainda como registrado pelo Aluno 5: "*Os objetos do lado esquerdo é em vida real. E o lado direito é em vida de mentira*".

Outros estudantes, tal como o Aluno 5, centraram a atenção em um aspecto discutido na roda de conversa: sobre os objetos que fazem parte do nosso cotidiano ("de verdade") e a forma como utilizamos para representar os objetos ("imaginação", "de mentira").

Por isso, o registro em desenhos nos motivou a identificar as percepções a respeito do mundo que nos cerca. Para Pires *et al*. (2000, p. 157), "os alunos apresentam evoluções significativas da primeira para a quarta série nos desenhos dos sólidos". Em estudo realizado com turmas dos anos iniciais do ensino fundamental, as pesquisadoras destacam que a representação gráfica pode ser difícil para os alunos, pois estes sentem a necessidade de registrar todas as faces, porém não sabem como fazê-lo. Também é gradativamente mais conflitante registrar formas cilíndricas ou arredondadas do que objetos poligonais. Questões estas também identificadas na intervenção realizada.

Depois dessa primeira atividade, tentamos uma aproximação aos termos geométricos "tridimensional" e "bidimensional", perguntando se os conheciam. Um dos alunos lembrou-se de ter ouvido no cinema sobre filmes em 3D ou tridimensionais. Por essa razão, as imagens foram chamadas de 3D, pois a tentativa é de imitar a realidade, mas na verdade não conseguimos tocar nas imagens projetadas no cinema. Todas as respostas foram valorizadas, porém enfatizamos que tridimensional envolve comprimento, largura e altura, e isso significa ser manipulado fisicamente. E as imagens do cinema, embora aparentem ser tridimensionais, não possuem as características descritas.

Também utilizamos como questão-problema a experiência do cubo. Levamos o objeto (cubo) para a sala de aula, a representação de uma face (um quadrado) e a representação gráfica de um cubo (aquela em que projetamos no plano todas as faces do poliedro). Os alunos deveriam classificar cada um dos itens em tridimensional ou bidimensional.

Isso nos levou a discutir o que é um quadrado (alguns chamavam de retângulo); o que é plano e não plano; e, enfim, o que seria tridimensional e bidimensional. Após esta atividade, os alunos organizaram-se em duplas para manipular o software Poly, que trabalha com planificação e montagem de sólidos geométricos.

O Poly permite a visualização e construção de sólidos platônicos e arquimedianos, entre outros; além disso, na interação com o software, o usuário pode investigar os sólidos tridimensionalmente, rotacionando-os, observando-os topologicamente e planificando-os, obtendo a dimensionalidade das figuras.

Figura 4.1 – Interface do software Poly

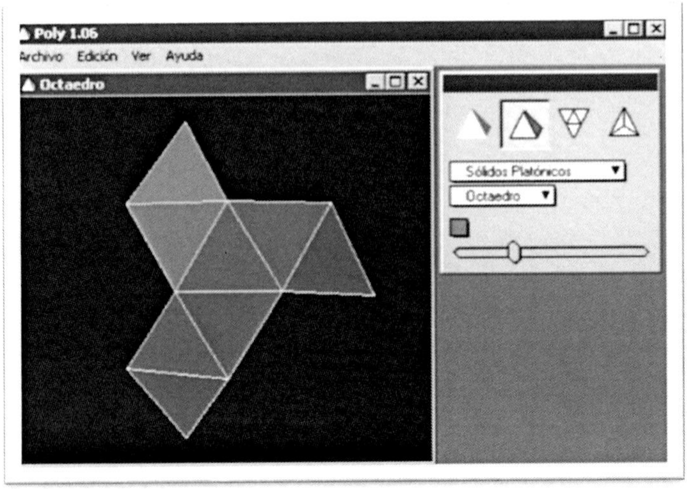

Fonte: http://www.prof2000.pt/users/jmtcor/applets.htm

Devido a um problema de compatibilidade entre o sistema dos computadores (Linux) e o sistema compatível com o software (Windows), precisamos realizar a substituição do software por um Applet, disponível gratuitamente na internet, que realiza a mesma função do Poly[15].

Inicialmente as crianças exploraram o software livremente, montando, desmontando, identificando as regiões poligonais que compõem as faces dos sólidos, trocando informações etc. Movimentando o cursor do mouse do 0 ao 100, elas planificavam e/ou montavam os sólidos. Podiam rotacionar e visualizar todas as faces ou ainda abrir suas faces uma a uma.

O monitoramento das interações estabelecidas entre as crianças e o software indicou alguns conhecimentos prévios em geometria, pois demonstraram identificar visualmente os polígonos e sua classificação. Após a livre exploração, organizamos algumas atividades orientadas para que pudessem diferenciar e/ou encontrar semelhanças nas propriedades das figuras quando estas estivessem no modo de visualização planificado ou tridimensional.

O uso do software Poly favoreceu avançar da visualização para a apropriação de vocabulário geométrico (figuras abertas, fechadas, plano, bidimensional, tridimensional e conhecer mais alguns sólidos platônicos); também permitiu a comparação entre sólidos na versão planificada e não

---

[15] Disponível em: http://www.prof2000.pt/users/jmtcor/applets.htm. Acesso em: 12 jun. 2012.

planificada, o que levou ao nível de análise das características definidoras para classificação de acordo com as medidas (uma, duas ou três dimensões) ou pelo critério de planicidade (plano e não plano).

A atividade da caixa de creme dental encerrou nossas discussões sobre as dimensões e sobre a planicidade analisando quando uma figura possui as características de bi ou tridimensional. Duas questões foram levantadas: o que perceberam nas tarefas realizadas? Como podemos classificar as transformações ocorridas na caixa de creme dental?

As respostas dos alunos ao fim dos encontros indicam que eles percebem as transformações das formas geométricas e utilizavam os termos tridimensionais e bidimensionais para explicar as situações vivenciadas no software e na experiência da caixa de creme dental, embora nem todos conseguissem elencar os atributos definidores de cada um dos conceitos, como revelam as respostas.

> *Que as formas podem ser tridimensionais e bidimensionais.* (Dupla F na Questão 1).
>
> *A caixa de desmontou e virou bidimensional [sic].* (Dupla F na Questão 2).
>
> *Nós percebemos que, quando ele tava no 0, ele não tinha altura e quando ele tava no 100 ele formou uma bola [sic].* (Dupla D na Questão 1).
>
> *Ela fica toda reta e ela fica bidimensonal [sic].* (Dupla D na Questão 2).
>
> *Percebi que quando ponho até o 100 mudou a forma.* (Dupla G na Questão 1).
>
> *Quando recortou ela fica biticional [sic].* (Dupla G na Questão 2).
>
> *1 aberto e 100 estava fechado [sic].* (Dupla A na Questão 1).
>
> *Ficou aberta e bitimensioma [sic].* (Dupla A na Questão 2).

Ao fim dos encontros, foi possível avaliar em que medida o uso do software escolhido auxiliou a exploração desses conceitos. Observa-se que a diversidade de sólidos, a correta planificação destes, quando comparada às tentativas de registro no papel feito pelas crianças, favoreceu importantes habilidades no estudo da geometria, tais como visualização, observação, comparação, investigação e análise dos sólidos na forma bi e tridimensional.

Também se buscou responder se os conceitos propostos foram aprendidos de acordo com seus elementos definidores. As impressões a respeito dessa experiência de ensino parecem apontar para uma gradual apropriação dos termos e dos elementos definidores dos conceitos estudados, o que foi possível, pela exploração de diferentes atividades, entre elas o uso do software Poly, no qual a ideia de espiral da aprendizagem (Valente, 2002) se fez presente pelo crescente aumento de informações por parte dos aprendizes, mudança na apropriação de vocabulário geométrico e consequente construção do conhecimento.

É possível afirmar que as crianças transformaram as formas de expor seu entendimento desde a primeira atividade, quando ainda utilizavam expressões como "objetos da realidade"; "dá para pegar"; "não se pode pegar nas mãos"; "desenhos"; "imaginação/representação" para relatar o que observavam de característico nos objetos bi e tridimensionais.

Além disso, as crianças gradualmente saíram da perspectiva do característico e avançaram para a percepção dos elementos definidores dos conceitos, tais como a dimensão e a planicidade, sendo possível expressar seu pensamento até mesmo com os termos geométricos adequados, apesar de alguns ainda encontrarem dificuldades nessa apropriação. Os resultados foram positivos para a aprendizagem e observação das concepções de geometria dos alunos sobre o mundo que os cerca, e também na experiência de trabalho com o uso de tecnologias da professora envolvida no projeto, bem como de outros professores que tiverem acesso a este relato de experiência.

6 Considerações finais

O Poly, adotado e utilizado para ensino desses conceitos, pode ser classificado como um software fechado, entretanto favoreceu as interações no laboratório, suscitando o debate, ampliando as interações entre os alunos, a reflexão e o consequente enriquecimento das opiniões e argumentações sobre os conceitos aprendidos dos critérios adotados para classificação das figuras (*dimensão* e *planicidade*).

Em relação à apropriação, por parte dos alunos, dos atributos definidores dos conceitos, percebemos uma tentativa de interpretação de que os elementos ao nosso redor são tridimensionais e os desenhos ou planificações são exemplos de figuras bidimensionais. Nesse sentido, os professores sempre terão o papel de mediadores, sujeitos que analisam as potencialidades e limites dos softwares para completar com outras estratégias, quando necessário.

Acreditamos que discutir os resultados obtidos nessa experiência pode suscitar reflexões acerca de como, na condição de professores e futuros professores, podemos considerar a relevância de nos apropriarmos e utilizarmos das novas tecnologias, aplicadas ao ensino, de modo a considerar o papel do computador, a função docente, a adequação entre o conceito a ser aprendido e o software adotado em sala de aula nos anos iniciais do ensino fundamental.

Referências

BITTAR, M.; FREITAS, J. L. M. **Fundamentos e metodologia de matemática para os ciclos iniciais do ensino fundamental**. Campo Grande: Editora UFMS, 2004.

BRASIL. Ministério da Educação e do Desporto. Secretaria de Educação Fundamental. **Parâmetros curriculares nacionais**: matemática. Brasília: MC/SEF, 1997.

DEMO, P. Conhecimento, tecnologia e formação dos professores das séries iniciais. *In*: REUNIÃO ANUAL ANPEd, 23., 2000, Caxambu. **Anais** [...]. p. 1-15. Disponível em: http://www.anped.org.br/reunioes/23/trabtit2.htm#gt13. Acesso em: 15 jul. 2012.

LOMÔNACO, J. F. B. *et al*. Do característico ao definidor: um estudo exploratório sobre o desenvolvimento de conceitos. **Psicologia**: Teoria e Pesquisa, Brasília, v. 12, n. 1, p. 51-60, 1996.

LOPES, R. P. **Formação para uso das tecnologias digitais de informação e comunicação nas licenciaturas das universidades estaduais paulistas**. 2010. Dissertação (Mestrado em Educação) – Universidade Estadual Paulista "Júlio de Mesquita Filho", Presidente Prudente, 2010. Disponível em: https://repositorio.unesp.br/bitstream/handle/11449/92296/lopes_rp_me_prud.pdf?sequence=1&isAllowed=y. Acesso em: 14 abr. 2022.

PIRES, C. M. C.; CURI, E.; CAMPOS, T. M. M. (org.). **Espaço e forma**: a construção de noções geométricas pelas crianças das quatro séries iniciais do ensino fundamental. São Paulo: PROEM, 2000.

VALENTE, J. A. A espiral da aprendizagem e as tecnologias da informação e comunicação: repensando conceitos. *In*: JOLY, M. C. R. A. (org.). **Tecnologia no ensino**: implicações para a aprendizagem. São Paulo: Casa do Psicólogo, 2002. p. 15-37.

VALENTE, J. A. **Computadores e conhecimento**: repensando a educação. Campinas: Gráfica Central da UNICAMP, 1993.

VALENTE, J. A. *et al.* (org.). **O computador na sociedade do conhecimento**. Campinas: UNICAMP/NIED, 1999.

VASCONCELLOS, M. **Figuras geométricas não-planas e planas**: a aprendizagem dos alunos da 4ª série e as concepções dos seus professores. 2005. Dissertação (Mestrado em Educação), Universidade Católica Dom Bosco, Campo Grande, 2005. Disponível em: https://site.ucdb.br/public/md-dissertacoes/7803-figuras-geometricas-nao-planas-e-planas-a-aprendizagem-dos-alunos-da-4-serie-e-as-concepcoes-dos-seus-professores.pdf. Acesso em: 14 abr. 2022.

ANÁLISE CRÍTICA DA MÍDIA: UMA EXPERIÊNCIA FORMATIVA COM FUTUROS PROFESSORES MEDIADA POR TECNOLOGIAS DIGITAIS[16]

Analígia Miranda da Silva
Joyce Galdino Gomes
Thaisa Sallum Bacco

1 Introdução

São muitas as interfaces entre os campos de comunicação e educação, e diferentes são as perspectivas teóricas que tratam da relação entre as duas consolidadas ciências. Entre elas, evidencia-se, no Brasil, a mídia-educação (Bévort; Belloni, 2009; Fantin, 2005; Soares, 2009), que tem como principal proposta a formação para o reconhecimento e para o enfrentamento do poder da mídia.

Parece inquestionável, na atualidade — superando os estudos de recepção[17] que propunham defender as inofensivas crianças dos nocivos meios —, a importância de levar para a escola a discussão acerca dos processos midiáticos. Também se faz relevante olhar, de forma reflexiva, a presença das Tecnologias Digitais da Informação e Comunicação (TDIC) nos espaços educativos. Assim, em busca de respostas, elaboramos, aplicamos e avaliamos uma intervenção pedagógica sobre o conceito de mídia-educação na dimensão "análise crítica da mídia" (Bévort; Belloni, 2009; Fantin, 2005; Soares, 2009) junto a alunos do quarto ano do curso de licenciatura em Matemática da Faculdade de

---

[16] Este trabalho é fruto de uma intervenção desenvolvida em 2012 para a disciplina Aprendizagem de Conceito Escolares e Tecnologias, ministrada pelas professoras doutoras Leny Rodrigues Martins Teixeira e Maria Raquel Miotto Morelatti, junto ao PPGE/FCT/UNESP.

[17] No campo da mídia-educação, a evolução dos paradigmas partiu de um posicionamento protecionista (considerando a criança indefesa) para chegar à preparação das crianças a conviverem com as mídias. Um interessante livro que trata do assunto é de David Buckingham, intitulado *Media education: literacy, learning and contemporany culture*, publicado pela Polity Press em 2003.

Ciências e Tecnologia da Universidade Estadual Paulista, campus de Presidente Prudente, turmas da manhã e da noite.

A análise crítica da mídia configura-se como um importante instrumento de leitura do conteúdo dos produtos midiáticos. Trata-se de uma dimensão inserida no contexto da mídia-educação que prevê relações entre a comunicação e a educação sob três perspectivas: a mídia enquanto ferramenta pedagógica; a produção de mídia dentro da escola, e a leitura dos meios. A proposta de preparar o futuro professor para ler criticamente os meios vai ao encontro de se almejar que essa perspectiva de leitura seja também dissipada entre os seus futuros alunos, cidadãos desse mundo midiático.

2 Análise crítica da mídia: uma das dimensões da mídia-educação

A discussão em torno da mídia-educação[18] — que originou as demais reflexões acerca das relações envolvendo a comunicação e a educação — é abrangente e pressupõe três perspectivas centrais: sociológica (a mídia interfere nas mediações sociais); ideológica (poder persuasivo da mídia), e pedagógica (a mídia é o centro, e o processo de circulação de símbolos depende da mídia). Em todas as perspectivas, a finalidade é decifrar os meios, ou seja, não é apenas discutir o certo e o errado, mas como a mensagem midiática — nos seus mais diferentes formatos — ocorre.

Situado na área de comunicação, Soares (2009, p. 166) define assim a mídia-educação: "preocupação da educação formal com a mídia, tanto no sentido de analisá-la quanto no de usá-la como recurso para garantir a melhoria da educação". Por outro lado, no campo educacional, Belloni (2001, p. 46) aborda-a como

> [...] instrumento de construção da cidadania – como essencial para o desenvolvimento de práticas educacionais democratizadoras, inclusive uma formação de professores mais atualizada e em acordo com as aspirações e modos de ser e de aprender das novas gerações.

Siqueira (2008) estudou as experiências inglesas — de onde se originaram os estudos na área de *media education* — no campo da mídia-educação e discute duas abordagens pedagógicas envolvendo educação, comunicação

---

[18] "Mídia-educação" é um neologismo advindo do termo em inglês *media education*. O conceito também admite outras traduções, como educação para os meios, educação para a mídia e educação para a comunicação.

e cultura: a inoculação (professor imuniza os alunos dos perigos da cultura midiática) e a preparação, que,

> Longe de praticar uma abordagem instrumental, simplesmente calcada no ler e escrever, usando mídias, a proposta da preparação para usar as mídias se fundamenta no desenvolvimento de capacidades de metalinguagem, localização de informações, análise de evidências, avaliação e leitura crítica das mensagens, vistas dentro de um contexto social, institucional e econômico da comunicação de massa, contexto que afeta pessoas e práticas. (Siqueira, 2008, p. 1.064).

Em âmbito mundial, a principal entidade que trabalha com o objetivo de sistematizar o conceito de *media education* e de subsidiar o mundo com essas reflexões é a Organização das Nações Unidas para Educação, Ciência e Cultura (UNESCO). A expressão "mídia-educação" apareceu em documentos da UNESCO nos anos de 1960, enfocando a capacidade dos novos meios de comunicação de "[...] alfabetizarem em grande escala populações privadas de estruturas de ensino e de equipes de pessoal qualificado, ou seja, às virtudes educacionais das mídias de massa como meios de educação a distância" (Bévort; Belloni, 2009, p. 1.085).

Ao longo dos anos, o conceito foi sendo (re)redefinido, e atualmente Belloni (2002, p. 37) defende a dupla dimensão do uso pedagógico de qualquer mídia: "ao mesmo tempo objeto de reflexão e instrumento pedagógico". Alinhada a essa perspectiva, Monica Fantin (2005) propõe o conceito de mídia-educação em três dimensões: educar para, com e por meio das mídias. De acordo com Fantin (2005, p. 11), educar para a mídia se situa em um contexto crítico em que a produção midiática é ideológica, cabendo ao receptor "compreender, interpretar e avaliar" o conteúdo. Já a educação com a mídia significa tê-la como instrumento didático-pedagógico, superando as ferramentas tradicionais. Por fim, educar por meio das mídias remete à produção de material utilizando a linguagem midiática. "Tal perspectiva insere-se numa pedagogia funcional com concepção alfabética e expressiva, objetivando a interação dos sujeitos com as mídias e promovendo o conhecimento criativo de suas linguagens" (Fantin, 2005, p. 11).

Na dimensão da análise crítica da mídia, fortalece-se o olhar ético e estético, ou seja, a preocupação com forma e conteúdo e, especialmente, com o decifrar do que foi intencionalmente construído pelas mensagens midiáticas. Fantin (2005, p. 3) orienta deixar claro, nas mediações escolares, que as mídias "não são ferramentas neutras e sim meios que produzem significados".

Assim, fazer a análise crítica pressupõe conhecer o processo de produção midiática nos diferentes suportes para compreender de que forma a linguagem dos meios contribuiu para a geração de sentido daquilo que foi divulgado. Por trás daquilo que se revela visualmente nos mais diversos meios, estão implícitas intenções que foram construídas de um discurso já estabelecido.

3 Percurso metodológico

Este trabalho teve por objetivo planejar e implementar um processo formativo direcionado a futuros professores sobre o conceito de mídia-educação na dimensão da análise crítica da mídia com o uso das TDIC, especialmente das ferramentas da web 2.0, sendo estas caracterizadas "por potencializar as formas de publicação, compartilhamento e organização de informações, além de ampliar os espaços para a interação entre os participantes do processo" (Primo, 2007, p. 1).

Neste estudo, fizemos a escolha do blog e do software Windows Movie Maker[19] como instrumentos mediadores no processo de ensino e aprendizagem da dimensão em foco. Coutinho e Bottentuit Jr. (2007, p. 201) apontam que, sobre a utilização do blog para esses fins,

> [...] há quem os considere meios flexíveis muito potentes para a comunicação em ambientes b-learning, quem advogue que a construção de blogs encoraja o desenvolvimento do pensamento crítico ou que ainda que o blogging se inspira nas teorias de Vigotsky, ao oferecer aos estudantes a oportunidade de confrontarem as suas ideias/reflexões num plano social, participando na construção social do conhecimento.

Sobre o uso do software Windows Movie Maker, temos que uma das características destacadas pela literatura acerca dos benefícios educacionais da produção de vídeo é o desenvolvimento do pensamento crítico (Shewbridge; Berge, 2004).

---

[19] Criado pelo grupo da Microsoft, o *Windows Movie Maker* permite a criação e edição de vídeos caseiros por meio de imagens, sons e vídeos no formato digital.

A elaboração e implementação de um processo formativo associadas à investigação e à discussão sobre como se dá o processo de construção de um conceito caracteriza este estudo como uma pesquisa-intervenção. Para Rocha e Aguiar (2003, p. 67),

> O processo de formulação da pesquisa-intervenção aprofunda a ruptura com os enfoques tradicionais de pesquisa e amplia as bases teórico-metodológicas das pesquisas participativas, enquanto proposta de atuação transformadora da realidade sócio-política, já que propõe uma intervenção de ordem micropolítica na experiência social.

Como participantes da pesquisa, tivemos 32 alunos do quarto ano do curso de licenciatura em Matemática da Faculdade de Ciências e Tecnologia da Universidade Estadual Paulista de Presidente Prudente, turmas da manhã e da noite.

Os dados foram coletados durante a intervenção por meio de atividades direcionadas, constituindo-se também de processos reflexivos e formativos para os alunos participantes da pesquisa. Para a análise dos dados, selecionamos como técnica de apreciação a análise de conteúdo (Bardin, 1977). Além de ser um conjunto de técnicas de análise das comunicações, a finalidade da análise de conteúdo "é a inferência de conhecimentos relativos às condições de produção (ou, eventualmente, de recepção), inferência esta que recorre a indicadores (quantitativos ou não)" (Bardin, 1977, p. 38). Produzir inferências faz com que a análise de conteúdo não seja meramente um procedimento descritivo, mas um procedimento que relaciona um dado a alguma teoria.

3.1 A intervenção

Antes mesmo do contato com os discentes, foi desenvolvido um plano de intervenção considerando todo o referencial teórico exposto. Delineamos oito etapas inter-relacionadas, visando a um processo de construção da dimensão "análise crítica da mídia", e não simplesmente a exposição conceitual.

O primeiro momento da intervenção foi a apresentação das pesquisadoras e dos alunos e, em seguida, a explanação sobre a ferramenta blog com base na plataforma Blogspot[20], criada anteriormente. Na atividade inicial, os

---

[20] O Blogspot é uma das maiores plataformas gratuitas de blogs do mundo. Antes do início da intervenção, criamos duas versões do blog para serem trabalhadas pelas duas turmas. Optamos em adiantar a criação

alunos foram convidados a responder à pergunta presente no *post*: "Qual é a primeira palavra que vem à cabeça quando você pensa em mídia?" Tínhamos o objetivo de levantar as concepções dos discentes. Conforme os alunos respondiam, íamos incluindo suas respostas no blog, junto ao nome de cada um.

Na segunda atividade, foi oferecida a possibilidade de os discentes alterarem a forma das palavras que haviam anteriormente mencionado. O objetivo desta fase era evidenciar que a estética midiática pode incidir diretamente no conteúdo. Na verdade, o que está em jogo quando falamos em produtos midiáticos é a intencionalidade do autor ao escolher aquela forma — seja gráfica, seja sonora ou visual, por exemplo — para aquele determinado conteúdo.

De posse das informações fornecidas pelos alunos, foi problematizada a questão da escolha da forma para gerar determinado sentido sob a mediação das pesquisadoras, com o objetivo de rever algumas possíveis representações existentes sobre o conceito. Nesse momento da terceira fase da pesquisa-intervenção, esperava-se que os participantes concluíssem que a mídia se utiliza da forma e do conteúdo com determinada intencionalidade para gerar sentidos previamente determinados.

A quarta etapa foi a discussão coletiva da capa da revista *Veja* (edição 2.266, de 25/04/2012). Nesse momento, o objetivo era mostrar que nem sempre a intencionalidade do autor é evidente, já que muitas vezes está mascarada pela forma pela qual se apresenta. Assim, poderíamos concluir que apenas quem busca ver além da aparência poderá enxergar o que está por trás. Sem a predisposição para a análise crítica e com a falta de conhecimento sobre o processo de produção das notícias, o que está implícito não será revelado.

Da mesma forma, seguimos com a quinta atividade, que tinha como objetivo expor outro gênero midiático, o audiovisual, que trabalha com os elementos de áudio e vídeo para geração de sentido. Mostramos um trecho do desenho *Cyberchase*[21], primeiro só a imagem, sem som, e posteriormente o inverso, isto é, só o som do desenho, sem a imagem correspondente. A finalidade era caracterizar a linguagem de vídeo que envolve os elementos sonoros e os visuais e, portanto, difere-se do gênero jornalístico impresso.

---

da ferramenta para ganhar tempo com a discussão, além de afastar o risco de problemas com a internet no momento da intervenção. No entanto, o blog que foi apresentado só tinha o layout definido, sem conteúdo. Endereço dos blogs: turma da manhã: http://www.analisecriticadamidia.blogspot.com.br; turma da noite: http://analisecriticadamidia1.blogspot.com.br. Acesso em: 15 maio 2024.

[21] Desenho animado que propõe a resolução de situações difíceis por meio de cálculos de matemática.

Na sequência, apresentamos o software de edição de imagens Windows Movie Maker, demonstrando como é possível trabalhar com áudio e vídeo de forma diferente, dependendo da intencionalidade do autor. Nesta etapa, o objetivo era evidenciar o processo de produção midiática (apuração, execução, edição e veiculação) para mostrar que a intencionalidade é o que define o produto midiático. Esta ocorre em todas as etapas: na escolha do assunto a ser divulgado, na produção propriamente dita do material (gravações, entrevistas, fotografias, produções de textos), na edição desse material e, por fim, no meio em que será divulgado e nos recursos utilizados para tal divulgação.

A experiência foi motivo de reflexão quando mostramos uma entrevista na íntegra de uma autoridade política[22]; e, desse material bruto, foram editados três vídeos, sendo cada versão com uma característica: uma se transformou em uma sátira; outra transformou a temática em polêmica e, por fim, uma versão, editada, alterou completamente a fala da fonte.

A sétima atividade foi os alunos postarem no blog o que compreenderam sobre análise crítica da mídia e depois comentarem o *post* dos colegas que escreveram sobre a mesma coisa, proporcionando reflexões sobre suas produções e a construção social do conhecimento.

Com a finalidade de verificar de que forma os alunos haviam se apropriado da leitura sobre os meios, um mês após o curso formativo, voltamos às duas turmas com a proposta de que cada aluno fizesse, sozinho e por escrito, uma atividade de análise crítica da mídia. Dos 32 alunos presentes no primeiro encontro da intervenção, 27 participaram dessa última etapa da intervenção, valendo-se da leitura da capa da revista *Época* (edição 711, de 02/01/2012). Nesse momento também questionamos os participantes sobre o seu consumo de mídia no cotidiano[23], e as mídias on-line foram as mais citadas pelos então futuros professores de Matemática, representando 40% das 180 ocorrências de mídias mencionadas. A mídia televisiva foi a segunda mais citada, com 55 ocorrências, o que representa 30,5% do total. Rádio foi a mídia apontada em 23 citações, o que corresponde a 12,8% da totalidade. Dezessete opções de revistas impressas foram mencionadas pelos participantes, e esses argumentos representam 9,5% do total. Por último, os argumentos que citaram jornais impressos, 7,2% do total, apareceram 13 vezes.

---

[22] Disponível em: http://www.youtube.com/watch?v=CV6rGyD19MU. Acesso em: 5 maio 2022.
[23] Foram oferecidas as seguintes opções: jornal impresso, revista impressa, rádio, televisão e mídia on-line. Na frente de cada uma das opções, um espaço aberto para o participante citar o nome da mídia específica utilizada.

4 Resultados, discussão e análise

Para realizar a análise e a discussão dos dados obtidos nesta pesquisa-intervenção, organizamos dois momentos: a análise dos dados obtidos por meio das postagens no blog e a análise da produção dos alunos na atividade de leitura crítica da capa da revista *Época* (edição 711). Ao fim, pretendemos inter-relacionar os dados obtidos nesses dois momentos com o propósito de melhor compreender a apropriação pelos alunos da dimensão em foco.

Cabe mencionar que preservamos a identidade dos participantes da pesquisa. Para tanto, utilizamos códigos para nomeá-los: a letra "A" se refere a "aluno"; a letra "B", à postagem do blog. Além disso, os textos dos participantes serão mantidos na forma original, incluindo erros gramaticais ou ortográficos.

4.1 Análise das postagens realizadas no blog

Ao fim do curso formativo, com a finalidade de verificar o que os alunos participantes haviam apreendido, propomos como atividade uma postagem no blog sobre o que compreendiam por análise crítica da mídia. Esse processo também tinha por objetivo propiciar a interação, a comunicação e a produção de conteúdo, tornando os alunos não somente consumidores de informações, mas produtores de saberes, além da reflexão coletiva do assunto tratado, indo ao encontro do uso do blog enquanto ferramenta da web 2.0 no processo de ensino e aprendizagem.

A investigação das postagens revelou que, de um total de 21 postagens, 8 se aproximaram da dimensão análise crítica da mídia. Falamos em aproximação, pois partimos do pressuposto de que uma esta análise compreende a identificação da parte gráfica e do conteúdo produzido para depreender a geração de sentido conforme a intencionalidade da mídia. Contudo, nas postagens, consideramos que não compareceu o aspecto relacional do processo de produção noticioso e os elementos visuais que podem contribuir para gerar sentido. Ou seja, foi priorizado somente o papel ideológico da mídia ao veicular informações com base na visão que deseja transmitir.

Trazemos como exemplos:

> *Dentro de uma análise crítica da mídia devemos ter em mente algumas características iniciais, como por exemplo quem criou o conteúdo analisado, qual sua intenção ao criá-lo, qual o meio de divulgação, qual o público-alvo [...]. (B.3).*

> *[...] é preciso não só ver, mas enxergar os conteúdos proporcionados por ela, já que esta é composta por pessoas que nem sempre agem com boas intenções, mesmo que não seja propositalmente. (B.7).*

Outras duas postagens abordaram a forma, o conteúdo e a intencionalidade, indo ao encontro da dimensão "análise crítica da mídia" proposta para o curso formativo. São elas:

> *Atualmente estamos rodeados de diversos tipos de mídia, tais como televisão, jornais, revistas, internet, e analisar criticamente alguma dessas mídias significa não só olhar para o que está sendo mostrado numa chamada ou imagem, e aceitar como ocorre na maioria das vezes, mas sim enxergar a mensagem que está por trás de cada informação e se colocar como cidadão crítico frente a mesma. (B.2).*

> *A edição da informação por meio dos produtores de mídia, propicia a estes a manipulação do conteúdo, por este fato, devemos ser críticos quanto a informação recebida e não adotá-la imediatamente como verdade. (B.4).*

Temos ainda oito postagens que não se aproximam ou definem o que é análise crítica da mídia, mas ressaltam a importância de examinar criticamente os conteúdos midiáticos, como os exemplos:

> *A mídia informa e fornece entretenimento como papel fundamental dela. Porém, dependendo da forma com que se retrata dados e informações, ela pode colaborar de forma positiva ou não com determinados assuntos. Daí, a importância de uma análise crítica dos conteúdos da mídia. (B.10).*

> *Conhecendo melhor como funciona a análise crítica da mídia, pudi perceber que na verdade nunca exercitei tal análise. O que nos foi mostrado hoje, evidencia o quanto é importante analisarmos de forma minuciosa as informações que nos são passadas pela mídia. Considerando que essas informações tem grande influência em nossas vidas. Muitas delas, quando não interpretadas corretamente causam grandes transtornos. (B.14).*

Por fim, há três postagens que remetem à opinião pessoal sobre a produção midiática, não fazendo referência direta à dimensão em foco.

Depreendemos destes dados que o curso formativo suscitou uma reflexão acerca da dimensão de análise crítica da mídia. Acreditamos que foram significativas as ocorrências de postagens que tratam sobre a dimensão em sua totalidade ou sobre alguns aspectos desta. No entanto, apontamos que as postagens correspondem a uma definição discursiva sobre o que é análise crítica da mídia, que pode não estar relacionada à apropriação dessa dimensão.

Nesse momento, destacamos a necessidade de compreender em que medida os alunos conseguiriam transpor a definição de análise crítica da mídia para a prática da leitura sobre os meios, também proposta do curso formativo implementado, e, assim, verificar de que forma os alunos haviam se apropriado da discussão. Diante disso, um mês após o curso formativo, aplicamos uma atividade de análise crítica da mídia. Em seguida, expomos a análise e a discussão dos dados levantados nesta etapa da pesquisa-intervenção.

4.2 Análise dos dados obtidos na atividade de análise crítica da mídia

Os dados coletados nessa etapa da pesquisa-intervenção, que consiste em uma atividade direcionada para a análise crítica de um produto midiático pelos alunos participantes, foram analisados mediante a técnica da análise de conteúdo, culminando nas seguintes categorias a serem detalhadas e discutidas: descrição e/ou identificação; juízo de valor; questionamento; e análise crítica da mídia.

4.2.1 Categoria: descrição e/ou identificação

Essa categoria indica que a análise realizada pelos alunos participantes apresentou apenas aquilo que é visível na capa da revista em questão no que diz respeito à imagem e/ou ao texto. Assim, não houve reflexão acerca da forma, do conteúdo ou da intencionalidade da produção midiática relacionada a uma análise crítica da mídia.

Nessa categoria, temos 13,8% das ocorrências relacionadas à descrição e/ou à identificação do assunto principal. Também com 13,8%, temos ocorrências relacionadas à descrição e/ou à identificação de manchetes secundárias.

Depreendemos dessa categoria que o olhar dos alunos participantes sobre os produtos midiáticos é superficial e não avança para além do que está posto ou daquilo que está evidente, já que não há uma postura crítica sobre a informação recebida, nem a percepção da intencionalidade que se contrapõe à impossibilidade da neutralidade do conteúdo midiático, pois "tanto a linguagem verbal como a não-verbal demonstram, na forma e no conteúdo, esse jogo ideológico de interesses que impede a neutralidade dos signos e dos textos (verbal-visual) produzidos" (Arantes, 2005, p. 123).

Não ter a percepção sobre a intencionalidade midiática pode levar o sujeito a aceitar a mídia e seus produtos como verdadeiros ou inquestionáveis. O que está visualmente explícito nos conteúdos midiáticos pode ocultar um discurso estabelecido e dotado de intencionalidades.

4.2.2 Categoria: juízo de valor

A segunda categoria analisada é denominada juízo de valor. Os argumentos relacionados a essa categoria revelam preconcepções do autor acerca do conteúdo e/ou da forma presentes na capa da revista, revelando seu posicionamento diante do assunto tratado.

Nessa categoria, temos 22,2% dos argumentos relacionados a juízo de valor sobre o assunto principal; 4,1% dos argumentos relacionados a juízo de valor sobre manchetes secundárias; e 2,7 % de argumentos relacionados a juízo de valor sobre a mídia em geral. Observamos que os alunos participantes emitem um julgamento feito de um ponto de vista pessoal sobre o conteúdo tratado pela mídia, mas não avançam na reflexão acerca da intencionalidade e desconsideram o processo de produção midiático.

Como já dito neste estudo, para analisar criticamente os produtos da mídia, é necessário ler o mundo e possuir capacidade de compreensão acerca dos princípios ideológicos que a linguagem midiática carrega (Caldas, 2006), associados ao conhecimento sobre o processo de produção dos meios. Segundo Caldas (2006, p. 122), "Aprender sobre o mundo editado pela mídia, a ler além das aparências, a compreender a polifonia presente nos enunciados da narrativa jornalística, não é tarefa fácil, mas desejável para uma leitura crítica da mídia".

Partimos do pressuposto de que compreender os produtos da mídia parte da capacidade também de decifrar o seu emissor. Para tanto, é preciso que o sujeito consiga se distanciar de suas preconcepções ou de seu ponto de vista para compreender o ponto de vista do outro ou dos produtos midiáticos para, dessa forma, apreender criticamente suas intencionalidades.

4.2.3 Categoria: questionamento

Na terceira categoria analisada, os argumentos questionam o que está colocado pela mídia. Trata-se de uma tentativa de depreender a intencionalidade da revista ao publicar aquele conteúdo com base em questões, e não simplesmente na aceitação imediata do que está posto.

Nessa categoria, aparecem 13 ocorrências, que representam 18% do total. Dessa forma, consideramos que o questionamento é o ponto de partida para a análise crítica da mídia. Quando o argumento está nesse nível, evidencia-se uma compreensão de que a mídia não é neutra, uma vez que produz significado (Fantin, 2005).

A tentativa de identificar os aspectos implícitos da narrativa midiática, conforme defende Caldas (2006), é uma das condições para fazer a leitura crítica, pois passa-se a considerar que nada há de objetivo na mídia. A subjetividade perpassa todo o processo de produção midiática, que é planejado e desenvolvido por jornalistas, que, como todos os demais sujeitos, agem na sociedade com base em ideologias.

4.2.4 Categoria: análise crítica da mídia

Os argumentos que se encaixaram nessa categoria são aqueles que apresentaram relações da parte gráfica (forma visual) com o conteúdo (temas presentes na capa) para discutir a geração de sentido conforme a intencionalidade da mídia (revista *Época*).

Obtivemos 24,9% dos argumentos situados nessa categoria, e a maioria (15 das 18 ocorrências) traz apenas a discussão sobre o assunto principal. Alguns argumentos chamaram atenção para os detalhes da imagem, relacionando-os à temática da manchete e como isso ajudou a gerar sentido, revelando a intencionalidade da revista ao preparar aquela edição. Diz o participante A.16: "*A princípio o que chamou a atenção foram as cores dos esmaltes, que de certa forma traduzem as diferentes idades que foram atraídas pela música do cantor*". Nesse argumento, o exercício de olhar criticamente para "compreender as armadilhas da linguagem com suas múltiplas potencialidades e limites" (Caldas, 2006, p. 124) possibilitou examinar a escolha intencional da mídia.

Nas ocorrências utilizadas como exemplos, verifica-se que a intencionalidade da mídia foi identificada conforme os elementos visuais e o conteúdo, que contribuíram para gerar o sentido que não está ali na aparência.

Apenas 3 ocorrências das 18 que fazem parte dessa categoria mencionaram as manchetes secundárias, demonstrando que, intencionalmente, a mídia escolheu dar menos importância a esses assuntos e, para que isso ocorresse, diminuiu o tamanho da fonte e posicionou as notícias em um espaço da página menos privilegiado.

5 Considerações finais

O presente estudo teve por objetivo planejar e implementar um processo formativo direcionado a futuros professores sobre o conceito de mídia-educação na dimensão da análise crítica da mídia com o uso das tecnologias digitais de informação e comunicação, especialmente das ferramentas da web 2.0. Ao escolher apenas uma das dimensões do conceito, tivemos dificuldades não só na tomada de decisão, mas também de planejarmos o processo formativo a fim de não fragmentar a discussão, esclarecendo o tempo todo que as relações envolvendo os campos da comunicação e educação são amplas e complexas.

A decisão de verificar, após o processo formativo, como os alunos se apropriaram da dimensão em foco foi crucial nesta pesquisa-intervenção. Nossa preocupação era escolher um instrumento avaliativo que nos mostrasse, da forma mais fiel possível, do que os participantes se apropriaram. Assim, averiguamos, de fato, o distanciamento existente entre o discurso e a apropriação do conceito. Não é porque o aluno sabe redigir um conceito que, efetivamente, saberá aplicá-lo nas circunstâncias da vida, demonstrando um real aprendizado. Isso se concretizou na medida em que as postagens do blog, realizadas pelos alunos participantes, retrataram a dimensão da análise crítica da mídia em sua totalidade ou, ao menos, sobre alguns aspectos desta. No entanto, 30 dias após essa primeira etapa da intervenção, a análise crítica da capa da revista *Época* esteve muito mais impregnada de concepções dos participantes, o que revela a complexidade em lidar com o saber do senso comum dos sujeitos em formação.

Por outro lado, os resultados também apontam uma frequência de 24,9% dos argumentos relacionados à análise crítica da mídia na totalidade, o que é considerado significativo, tendo em vista a pontualidade do processo formativo.

Cabe apontar que a proposta formativa relatada neste capítulo não tem pretensão de ser suficiente para a formação do leitor crítico de produtos midiáticos. Admitimos ter sido apenas o ponto de partida, visto que a formação que envolve as relações entre os dois campos é intensa e dificilmente será compreendida como experiência pontual, mas que é preciso estabelecer caminhos englobando a centralidade da formação crítica dos professores para a leitura dos meios e, consequentemente, dos seus alunos.

Referências

ARANTES, H. A. G. **Mídia impressa e leitor**: uma leitura crítica e polissêmica. 2005. Dissertação (Mestrado em Comunicação) – Universidade Estadual Paulista, Bauru, 2005.

BARDIN, L. **Análise de conteúdo**. Lisboa: Edições 70, 1977.

BELLONI, M. L. Mídia-educação ou comunicação educacional? Campo novo de teoria e de prática. *In*: BELLONI, M. L. (org.). **A formação na sociedade do espetáculo**. São Paulo: Loyola, 2002. p. 27-45.

BELLONI, M. L. **O que é mídia-educação**. Campinas: Autores Associados, 2001.

BÉVORT, E.; BELLONI, M. L. Mídia-educação: conceitos, história e perspectivas. **Educação & Sociedade**, Campinas, v. 30, n. 109, p. 1.085-1.106, dez. 2009. DOI 10.1590/S0101-73302009000400008.

CALDAS, G. Mídia, escola e leitura crítica do mundo. **Educação & Sociedade**, Campinas, v. 27, n. 94, p. 109-129, abr. 2006. Disponível em: https://doi.org/10.1590/S0101-73302006000100006. Acesso em: 25 abr. 2022.

COUTINHO, C. P.; BOTTENTUIT JUNIOR, J. B. B. Blog e Wiki: os futuros professores e as ferramentas da web 2.0. *In*: SIIE'2007, 14 a 16 de novembro de 2007, Salamanca. **Anais** [...]. p. 1-15. Disponível em: http://repositorium.sdum.uminho.pt/bitstream/1822/7358/1/Com%20SIIE.pdf. Acesso em: 7 abr. 2022.

DEBORD, G. **A sociedade do espetáculo**. Rio de Janeiro: Contraponto, 1997.

FANTIN, M. **Novo olhar sobre a mídia-educação**. Trabalho apresentado à Reunião Anual da ANPEd, 28., no GT Educação e Comunicação, 2005, Caxambu.

PRIMO, A. O aspecto relacional das interações na web 2.0. **E-Compós**, Brasília, v. 9, p. 1-21, 2007. Disponível em: https://www.e-compos.org.br/e-compos/article/view/153/154. Acesso em: 7 abr. 2022.

ROCHA, M. L.; AGUIAR, K. F. Pesquisa-intervenção e a produção de novas análises. **Psicologia**: Ciência e Profissão, Brasília, v. 23, n. 4, p. 67-73, dez. 2003. DOI 10.1590/S1414-98932003000400010.

SHEWBRIDGE, W.; BERGE, Z. L. The role of theory and technology in learning video production: the challenge of change. **International Journal on E-Learning**, [s. l.], v. 3, n. 1, p. 31-39, Jan./Mar. 2004.

SIQUEIRA, A. B. de. Educação para a mídia: da inoculação à preparação. **Educação & Sociedade**, Campinas, v. 29, n. 105, p. 1.061-1.074, dez. 2008. DOI 10.1590/S0101-73302008000400006.

SOARES, I. O. Caminhos da gestão comunicativa como prática da Educomunicação. *In*: COSTA, M. C. C. (org.). **Gestão da comunicação**: epistemologia e pesquisa teórica. São Paulo: Paulinas, 2009. p. 161-188.

6

USO DE UM AMBIENTE DE PROGRAMAÇÃO ASSOCIADO À TEORIA DE APRENDIZAGEM SIGNIFICATIVA NO ENSINO DE FUNÇÕES TRIGONOMÉTRICAS[24]

Maria Cecília Fonçatti

1 Introdução

O conceito de função é trabalhado desde a educação básica, sendo um dos principais pré-requisitos para o curso de Cálculo 1. As funções trigonométricas também são estudadas nesse nível de ensino, mas, ainda assim, era notável que os alunos do curso de Física da FCT/UNESP que cursavam a disciplina no ano letivo de 2017 apresentavam dificuldade quanto a estas. Sendo assim, surgiu a ideia de um trabalho mais aprofundado, mais especificamente com o significado das constantes reais a e b nas funções trigonométricas do tipo $f(x) = a \cdot sin(bx)$, pois havia certo obstáculo em perceber algumas propriedades desse tipo de função, o que, se não tratado da forma correta, levaria a erros futuros quando estas fossem abordadas em contextos específicos da disciplina, como o cálculo de limites.

De fato, pesquisas na área de ensino de cálculo mostram que entender função tem sido um dos principais obstáculos para a aprendizagem de conceitos inerentes a essa disciplina (Rezende, 2003; Sierpinska, 1987).

Dessa forma, após verificar quais eram os conhecimentos prévios dos alunos sobre função de forma geral, trabalhou-se para concretizá-lo antes de focar as funções trigonométricas. Posteriormente, o conceito de função trigonométrica foi abordado, e foi realizada uma atividade com o uso do software Scilab tendo como objetivo promover a aprendizagem do significado das constantes reais a e b nas funções trigonométricas do tipo $f(x) = a \cdot sin(bx)$.

---

[24] Este capítulo é fruto de uma intervenção da disciplina Aprendizagem de Conceitos Escolares e as Tecnologias no ano de 2017 junto ao PPGE/FCT/UNESP.

No tópico 2, é exposta a teoria de aprendizagem significativa, sendo esta tratada com algumas outras teorias de aprendizagem de conceitos. É mostrado também o conceito de função e discutido o uso de ambientes de programação no ensino. No tópico 3, tem-se o caminho percorrido para se chegar ao objetivo supracitado. No tópico 4, aparecem os resultados obtidos, bem como uma análise e discussão sobre eles. Por fim, no tópico 5, são feitas as considerações finais.

2 Referencial teórico

Aqui é abordado o aprendizado de conceitos conforme algumas teorias, com foco na teoria de aprendizagem significativa de David Ausubel. Será exposto o conceito de função e definida a forma pela qual se esperava que os alunos o compreendessem. Também, será justificada a escolha pelo uso do software de programação Scilab para o ensino de funções trigonométricas, considerando as características elencadas por alguns autores sobre esse tipo de ambiente de aprendizagem.

2.1 Aprendizagem de conceitos e a teoria de aprendizagem significativa

Antes de falar sobre a aprendizagem de conceitos, é necessário entender qual é o tipo de conceito trabalhado. Segundo Keil (1989[25] *apud* Lomônaco *et al.*, 1996, p. 54), estes podem ser classificados em "naturais", que se referem às "classes de coisas que ocorrem no mundo independentemente das atividades humanas e são governadas por um conjunto de leis comuns a todas elas"; e "nominais", que são os "estabelecidos por convenção da sociedade na forma de definições simples, nas quais são apresentadas suas propriedades necessárias e suficientes". O autor ainda define a categoria "artefatos" como um "subconjunto das espécies nominais", e estes são "objetos produzidos pelo homem e pressupõem intencionalidade do seu criador, que lhe confere uma função".

Tendo como foco as espécies nominais, é possível fazer uma distinção entre atributos característicos e definidores desses tipos de conceitos. As propriedades definidoras são entendidas como os aspectos necessários e suficientes para se definir o conceito; e as propriedades características

---

[25] *Cf.* KEIL, Frank. *Concepts, kinds and cognitive development*. Cambridge, MA: MIT Press, 1989.

são aquelas que, apesar de não serem encontradas em todos os exemplos de um conceito, estão comumente associadas à maioria deles.

Em se tratando da aprendizagem, Klausmeier e Goodwin (1977) afirmam que é importante que o professor faça uma análise desses conceitos antes de ensiná-los, pois assim é possível estabelecer suas propriedades definidoras, identificar seus atributos irrelevantes, exemplos e não exemplos que serão usados nas aulas e nas avaliações para verificar se ele foi aprendido, bem como o tipo de problema em cujas resoluções seu uso será necessário. Tomando como exemplo o conceito de triângulo equilátero, que é uma figura plana, fechada, cujos lados e ângulos têm a mesma medida, poderíamos considerar estas como suas propriedades definidoras, o tamanho e a orientação da figura na página como atributos irrelevantes, trazer algumas imagens desse tipo de triângulo para usar como exemplo, e trazer imagens de triângulos isósceles e escalenos como não exemplos. É interessante ressaltar, assim, que "os conceitos não se desenvolvem isoladamente, mas dentro de uma estrutura relacional com outros conceitos. Tal estrutura relacional constitui um domínio conceitual" (Lomônaco *et al.*, 1996, p. 54).

Vigotsky (1962, p. 50), que também tratou da aprendizagem de conceitos, explica que "a formação de conceitos é o resultado de uma atividade complexa, em que todas as funções intelectuais básicas tomam parte". O autor afirma ter concluído com seus estudos que o desenvolvimento dos processos que resultam na formação de conceitos começa na fase mais precoce da infância, mas as funções intelectuais que formam a base psicológica amadurecem se configuram e se desenvolvem somente na puberdade.

Nessa perspectiva, David Ausubel criou uma teoria para tentar explicar o processo de aprendizagem segundo a ótica do cognitivismo. Para ele, novas ideias e informações podem ser aprendidas e retidas à medida que conceitos relevantes e inclusivos estejam adequadamente claros e disponíveis na estrutura cognitiva do indivíduo, servindo de ancoradouro a novas ideias e conceitos. A ideia central dessa teoria é a aprendizagem significativa, que é um processo pelo qual uma nova informação se relaciona com um aspecto relevante que já existe na estrutura de conhecimento do indivíduo. Este processo envolve a interação da nova informação com uma estrutura de conhecimento específica, a qual Ausubel define como subsunçores, já existente na estrutura cognitiva do indivíduo (Moreira, 1985).

Em um modelo de organização do ensino, segundo a teoria de aprendizagem significativa de Ausubel, é necessário que as ideias mais gerais sejam apresentadas no início para posteriormente ser "progressivamente diferenciadas em termos de detalhe e especificidade" (Moreira, 1985, p. 137). Tal afirmação está baseada em duas hipóteses:

> [...] a) é mais fácil para seres humanos captar aspectos diferenciados de um todo mais inclusivo, previamente aprendido, do que chegar ao todo a partir de suas partes diferenciadas; b) a organização do conteúdo de uma certa disciplina na mente de um indivíduo é uma estrutura hierárquica na qual as ideias mais inclusivas estão no topo da estrutura e progressivamente incorporam proposições, conceitos e fatos menos inclusivos e mais diferenciados. (Moreira, 1985, p. 137).

Sendo assim, optou-se por utilizar tal teoria no ensino de funções trigonométricas, iniciando-se a atividade proposta com a formalização do conceito de função, mais geral e amplo. Este será apresentado na subseção a seguir.

2.2 O conceito de função

O conceito de função é muito importante para os estudos na área de matemática, pois é por meio das funções que somos capazes de modelar fenômenos observados a nossa volta e que envolvem relações entre grandezas. Ele "teve sua origem na tentativa de filósofos e cientistas em compreender a realidade e encontrar métodos que permitissem estudar e descrever os fenômenos naturais" (Botelho; Rezende, 1673, p. 65). Será utilizada aqui a definição de função dada pelo matemático G. H. Hardy[26], segundo o qual esta representa

> [...] a ideia de relação entre quantidades variáveis com três características básicas:
>
> 1. y é sempre determinado por um valor de x;
>
> 2. para cada valor de x, para qual y é dado, corresponde um e somente um valor y;
>
> 3. a relação entre x e y é expressa por meio de uma fórmula analítica na qual o valor de y corresponde a um dado valor de x e pode ser calculado por substituição direta de x. (Silva; Rezende, 1999, p. 31).

---

[26] Godfrey Harold Hardy (1887-1947) foi um matemático britânico que se dedicou principalmente à teoria dos números e à análise matemática. Disponível em: http://www.fc.up.pt/mp/jcsantos/Hardy.html. Acesso em: 27 jun. 2017.

O conjunto que contém os valores "x" é chamado de domínio; e o conjunto que contém os valores "y" é chamado de contradomínio. Dessa forma, podemos definir que função é uma relação entre dois conjuntos de variáveis, chamados domínio e contradomínio, em que cada elemento do domínio corresponde a apenas um elemento do contradomínio.

As três características definidas por G. H. Hardy podem ser consideradas propriedades definidoras do conceito de função, de acordo com a teoria de Keil. Um aspecto que pode ser considerado como propriedade característica seria a notação de função, que normalmente é dada por $y = f(x)$, mas pode ser representada por outras letras, como $g(x), h(x)$... Podemos usar também outras letras para representar a variável, como t, e assim teríamos, por exemplo, $y = f(t)$.

2.3 O uso de ambientes de programação no ensino

Tendo em vista a importância do estudo das funções para vários campos das ciências exatas, faz-se necessário que estas sejam aprendidas de forma sólida, que não deixe margem para que os alunos tenham dúvidas sobre o conceito em si e sobre suas propriedades. Defende-se que uma boa ferramenta para isso é a tecnologia, que é considerada

> [...] um catalisador para mudar os processos que ocorrem em sala de aula, porque propicia um rumo diferente, uma forma alternativa de operar. Ela é capaz de mudar a forma instrucionista e tradicional com que ocorre o ensino para um conjunto mais eclético de atividades que inclui situações de construção do conhecimento pelos alunos. (Sandholtz; Ringstaff; Dwyer, 1997, p. 58).

Dentre as opções de uso da tecnologia em sala de aula, destacam-se os softwares de programação. Valente (1993) afirma que a atividade de programar o computador permite identificar diversas ações que o aluno realiza e que são de extrema importância na aquisição de novos conhecimentos. São elas: descrição da resolução do problema em termos da linguagem de programação, execução dessa descrição pelo computador, reflexão sobre o que foi produzido pelo computador e depuração dos conhecimentos por intermédio da busca de novas informações ou do pensar, ou seja, o aprendiz pode buscar informações novas que serão utilizadas para modificar a descrição anteriormente definida, caso seu problema não tenha sido resolvido. Dessa forma, o autor define a espiral de aprendizagem, pois estas ações podem se repetir até que o aprendizado de fato ocorra.

O autor afirma, ainda, que o programa do aprendiz pode ser visto como uma explicitação do seu raciocínio, mas que a interação aluno-computador não se dá simplesmente colocando-o em contato com o computador; ela deve ser mediada por alguém que tenha domínio do significado do processo de aprender por intermédio da construção de conhecimento.

Nessa perspectiva, Baranauskas *et al.* (1993) explicam que ambientes de programação permitem ao aluno aprender fazendo e refletindo sobre suas ações, mas que não basta escolher um software; deve-se também indagar sobre o que se considera como aprendizagem, que condições a favorecem e como se pode criá-las. Vale ressaltar que é necessário, além disso, ter os objetivos bem definidos para que não ocorra um trabalho com o software pelo software ou com o computador pelo computador. Portanto, a escolha do software é apenas o primeiro passo para a utilização deste em sala de aula, sendo mister uma preparação e uma reflexão sobre como utilizá-lo de forma significativa, levando os alunos a aprenderem.

Os ambientes de programação entram na classificação de Baranauskas *et al.* como sendo um ambiente interativo no qual "o aprendizado é entendido como a construção individual do conhecimento a partir de atividades de exploração, investigação e descoberta". Para os autores, a programação é uma ferramenta de destaque, uma vez que, "por intermédio da resolução de problema via uma linguagem de programação, tem-se a descrição do processo utilizado pelo aluno para resolver uma tarefa" (Baranauskas et al., 1993, p. 58, 63). De fato, o feedback dado pela máquina é gerado pelas escolhas e ações do aluno que a utiliza, e não pelo sistema.

Dessa forma, o Scilab, que é um ambiente de programação, foi escolhido para ser utilizado com os alunos da disciplina de Cálculo 1 a fim de promover a aprendizagem do conceito de funções, mais especificamente do significado das constantes reais a e b nas funções trigonométricas do tipo $f(x) = a \cdot sin(bx)$, como será descrito no tópico a seguir.

3 Metodologia

Para realizar a atividade proposta, foram adotados a teoria de aprendizagem significativa e o software Scilab, que é um ambiente de programação. Segundo Moreira (1985), antes de aplicar a teoria de aprendizagem significativa, é necessário determinar a estrutura cognitiva do aluno, ou seja, verificar o que ele já sabe e se tem subsunçores para aprender o que se deseja ensiná-lo. Caso o aluno não tenha tais subsunçores, é recomendado o uso de organizadores prévios que sirvam de âncora para ao novo aprendizado e levem ao desenvolvimento de tais conceitos a fim de que facilitem a aprendizagem subsequente. Os organizadores prévios são materiais introdutórios, apresentados antes do material a ser aprendido em si, cujo papel é servir de ponte entre o que o aprendiz já sabe e o que ele deve saber.

Sendo assim, a primeira parte da atividade foi focada na construção do conceito de função. Esta contou com a participação de 43 alunos que cursavam a disciplina de Cálculo 1 no ano letivo de 2017 oferecida para os alunos do primeiro ano do curso de licenciatura em Física, durante o período de aula. Alguns discentes que participaram eram do curso de Engenharia Ambiental, pois também estavam matriculados nessa disciplina.

Primeiro, era necessário verificar se os alunos entendiam função. Cada um dos 43 alunos respondeu à seguinte pergunta: "O que é função?" Depois, foi feita uma aula dialogada, em que se fez uma correspondência desse conceito com uma relação de causa e efeito, para servir de organizador prévio. Em seguida, foi apresentado um exemplo e um não exemplo de função para que eles identificassem qual era qual. O exemplo foi "a cada cinco quilômetros rodados um carro gasta um litro de combustível" e o não exemplo foi "um cientista criou um uma planta em seu laboratório e anotou o que ocorria com ela quando ele pingava quantidades diferentes de gotas de água". A Tabela 6.1 apresenta os dados utilizados para o não exemplo de função.

Tabela 6.1 – Dados para o não exemplo de função

Gotas	Efeito
1	Nasceram 2 folhas.
2	Nasceram 3 folhas.
3	Nasceu 1 folha.
2	Não nasceu nenhuma folha.

Fonte: elaborada pela autora

A partir daí, foi feita a definição formal de função, com suas nomenclaturas: o conjunto de causas é chamado domínio; e o conjunto de efeitos é chamado contradomínio. Assim, esperou-se que o conceito de função fosse entendido como definido por G. H. Hardy. Isso foi verificado pedindo que os alunos respondessem novamente à pergunta "O que é função?" Apenas 38 participantes entregaram suas respostas.

Depois que função foi ensinada e os alunos já tinham adquirido esse subsunçor, foi feita uma revisão dos conceitos de trigonometria, primeiro no triângulo retângulo e depois no ciclo trigonométrico. Como tal assunto é bastante explorado no ensino médio, os alunos não apresentaram dificuldades nesse momento.

Como já estavam em posse dos subsunçores necessários para entenderem o conceito de função trigonométrica, esta foi definida e alguns exemplos gráficos de funções em sua forma mais simples, como $f(x) = sen(x)$ e $f(x) = \cos(x)$, foram feitos na lousa. Este conceito também já havia sido estudado por eles no ensino médio, então não mostraram muitas dificuldades. Assim, foi possível prosseguir com as atividades.

A segunda parte da atividade foi a utilização do software, que contou apenas com cinco alunos do curso de Física (em razão ter sido realizada fora do horário de aula; pois a universidade contava com um número reduzido de computadores disponíveis para o uso dos alunos e assim não teria como todos participarem).

Primeiro, foi ensinada aos alunos a linguagem de programação utilizada no software Scilab. Além dos motivos já expostos, a escolha de um ambiente de programação se deu também para proporcionar um primeiro contato dos participantes com esse tipo de ferramenta, porque no curso de Física não há nenhuma disciplina que ensine programação, mesmo ela se mostrando muito útil na resolução de problemas simples e complexos dessa ciência.

Depois que eles aprenderam a linguagem básica, os comandos necessários para plotagem de gráficos foram mostrados, sendo necessário definir a função a ser plotada e seu domínio. Os alunos plotaram as funções que quiseram para testar se os comandos estavam sendo colocados de maneira correta.

Foi então pedido para que eles plotassem os gráficos de $f(x) = \sin(2x)$ e $f(x) = \sin(4x)$, com o objetivo de verificar o que acontecia com a função seno quando o argumento era multiplicado por algum valor diferente de 1, isto é, dada a função $f(x) = a \cdot \sin(bx)$, utilizaram $b = 2$, $b = 4$ e $a = 1$ em ambos os casos. Assim, eles poderiam perceber que o que varia quando se faz essa mudança é o período da função, isto é, quanto maior o valor de b, menor o comprimento de um ciclo da função seno.

Depois, foram orientados a manter $b = 1$ e variar os valores de a, ou seja, dada a função $f(x) = \sin x$; foi pedido para que eles plotassem os gráficos de $f(x) = 2 \cdot \sin x, f(x) = 3 \cdot \sin x$ e $f(x) = 7 \cdot \sin x$ ($a = 2$, $a = 3$ e $a = 7$). Assim eles poderiam perceber que, dessa forma, o que varia é o intervalo da função no eixo y.

Foi solicitado que eles anotassem em uma folha os procedimentos utilizados e as conclusões a que chegaram em cada atividade para que os resultados fossem analisados ao fim. Antes de essa parte acontecer, foi pedido aos alunos que iriam participar que pesquisassem sobre a função de onda, que é dada por uma função trigonométrica do tipo $y = a \cdot sin(kx - \omega t)$, em que a é a amplitude da onda, k é o número de onda, ω é a frequência, t é o tempo e x é a posição. Considerando uma onda estacionária, sua forma é dada por $y = a \cdot sin(kx)$, que é a função estudada, com $b = k$. Assim, foi feita uma relação entre o conteúdo estudado e um conceito do curso de Física.

4 Resultados, discussão e análise

No início da aula sobre funções, os alunos responderam à questão "O que é função?", de forma a serem verificados seus conhecimentos prévios sobre o assunto. As respostas foram classificadas de acordo com seu teor em "O aluno não sabe a definição função", "O aluno sabe partes da definição de função" e "O aluno sabe a definição de função". A Tabela 6.2 mostra as frequências de cada uma das categorias de respostas.

Tabela 2 – Frequência de respostas para a pergunta "O que é função?" no início da aula

Resposta	Frequência (%)
O aluno não sabe a definição função	77
O aluno sabe partes da definição de função	23
O aluno sabe a definição de função	0
Em branco	0

N = 43

Fonte: dados coletados pela autora

Observou-se que nenhum deles sabia exatamente o conceito de função como dado na definição de G. H. Hardy. Foi considerado que o aluno sabia partes da definição, se sua resposta continha partes do conceito e algumas nomenclaturas como "relação entre dois conjuntos numéricos" ou "função liga elementos de um grupo de entrada conhecido por domínio com elementos de um grupo de saída conhecido por contradomínio", e uma que continha um exemplo e um não exemplo de função, dados graficamente, mas que não estava descrita corretamente.

Após essa dinâmica e de ter sido explicado o conceito de função, foram apresentados o exemplo e o não exemplo já mencionados, e, com base nas características observadas em cada um, concluiu-se, em conjunto, qual era qual. Em seguida, foi pedido novamente aos alunos que escrevessem o que era função, e as respostas estão dadas na Tabela 6.3. Dessa vez, as categorias utilizadas foram "O aluno aprendeu a definição de função", "O aluno não aprendeu a definição função" e "O aluno aprendeu partes da definição de função".

Tabela 6.3 – Frequência de respostas para a pergunta "O que é função?" depois da aula

Resposta	Frequência (%)
O aluno aprendeu a definição de função	46,4
O aluno não aprendeu a definição função	21
O aluno aprendeu partes da definição de função	21
Em branco	11,6

N = 43

Fonte: dados coletados pela autora

Pode ser observado que neste momento grande parte dos alunos mostrou ter aprendido o conceito de função. Foi considerado que aprenderam partes da definição aqueles que escreveram partes do conceito, como "função é uma relação entre o conjunto denominado o domínio e o conjunto contradomínio". Note que, nesse exemplo, o aluno não explicitou o fato de que cada elemento do contradomínio se relaciona com apenas um elemento do domínio, parte muito importante da definição.

Observou-se que todos os que deixaram essa resposta em branco responderam à primeira pergunta de forma errônea e também que algumas pessoas deram as mesmas respostas para as duas perguntas (tais respostas estavam erradas). Dessa forma, infere-se que não prestaram atenção na aula.

Na atividade realizada no laboratório de informática, os alunos utilizaram o Scilab. Na primeira parte, observou-se que eles plotaram na mesma tela os gráficos das funções $f(x) = sen(x)$, $f(x) = sen(2x)$ e $f(x) = sen(4x)$, com valores de x variando de 2π a 8π, o que facilitou na hora de compará-los. O desenvolvimento de um aluno nessa atividade está apresentado nas Figuras 6.1 e 6.2.

Figura 6.1 – Algoritmo para plotagem dos gráficos das funções $f(x) = sen(x)$, $f(x) = sen(2x)$ e $f(x) = sen(4x)$ com valores de x variando de 2π a 8π

```
y1=sin(x)
y2=sin(2*x)
y3= sin(4*x)
x= linspace(2*%pi,8*%pi)
plot(x,y1,'bo-')
plot(x,y2,'ko-')
plot(x,y3,'rp-')
mtlb_grid on
```

Fonte: captura de tela do desenvolvimento feito pelo aluno

Figura 6.2 – Gráficos das funções $f(x) = sen(x)$ (azul), $f(x) = sen(2x)$ (preto) e $f(x) = sen(4x)$ (vermelho) com valores de x variando de 2π a 8π plotados conforme o algoritmo apresentado na Figura 6.1

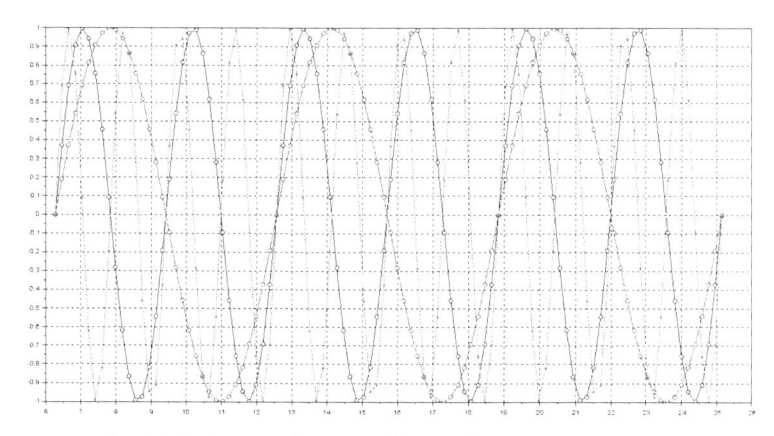

Fonte: captura de tela do desenvolvimento feito pelo aluno

Pelas respostas dadas, observou-se que todos perceberam o que aconteceu com os gráficos das funções de acordo com as mudanças feitas: "quando se multiplica o x, aumenta o período"; e "a escala de x aumentou, diminuindo o comprimento da onda".

Na segunda parte, que tinha como objetivo levá-los a perceber o que ocorria quando havia uma variação nos valores de a, que é a constante que multiplica a função inteira, observou-se que eles plotaram cada gráfico em uma tela, pois já estavam familiarizados com o comportamento da função $f(x) = sen(x)$, que havia sido trabalhada na aula sobre o conceito de função. As Figuras 6.3 e 6.4 trazem o desenvolvimento de um aluno nessa atividade.

Figura 6.3 – Algoritmo para plotagem do gráfico da função $f(x) = 3.sen(x)$ com valores de x variando de 2π a 8π

```
x= linspace(2*%pi,8*%pi)
y1=3*sin(x)
plot(x,y1,'bo-')
mtlb_grid on
```

Fonte: captura de tela do desenvolvimento feito pelo aluno

Figura 6.4 – Gráfico da função $f(x) = 3.sen(x)$ com valores de x variando de 2π a 8π plotado conforme o algoritmo apresentado na Figura 6.3

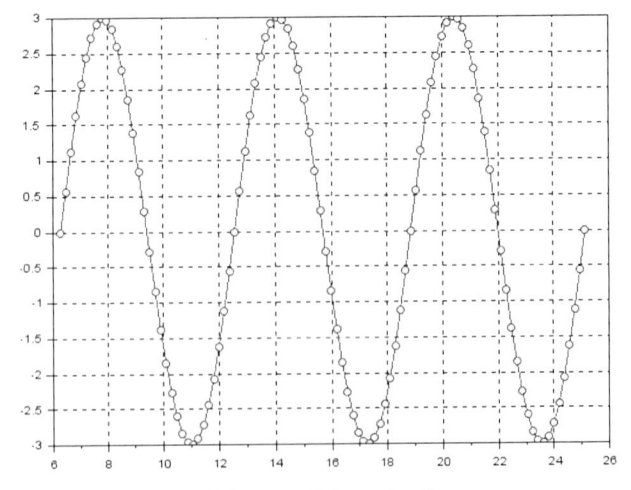

Fonte: captura de tela do desenvolvimento feito pelo aluno

Pelas respostas dadas aqui, percebeu-se que eles compreenderam o que aconteceu com o gráfico quando variaram os valores de a: "quando faço $f(x) = sen(2x)$, a amplitude da função dobra em relação ao gráfico $f(x) = sen(x)$" e "a amplitude foi alterada".

Os termos "período" e "amplitude" utilizados pelos alunos são próprios da Física para se referir ao intervalo de uma onda completa e à distância entre um pico e um vale (ponto mais alto e mais baixo da onda, respectivamente). Os discentes perceberam, então, que as funções com as quais trabalharam representam ondas e relacionaram o que aprenderam durante a atividade com as características da função de onda.

Em suma, sobre o conceito de função, inicialmente observou-se que nenhum aluno sabia corretamente sua definição, o que é preocupante, pois muitos deles haviam acabado de se formar no ensino médio, o que mostra uma deficiência no ensino básico. Após a aula e as discussões, percebeu-se que grande parte compreendeu o conceito de função como dado por G. H. Hardy.

Sobre o papel das constantes reais a e b nas funções trigonométricas do tipo $f(x) = a.sen(bx)$, observou-se que os alunos entenderam as diferenças entre elas, conseguiram relacionar tal função com a função de onda e, mais ainda, se saíram bem posteriormente, quando foi necessário utilizá-las durante a disciplina de Cálculo 1.

5 Considerações finais

A teoria de aprendizagem significativa se mostrou muito útil para a organização do ensino de funções, pois defende o respeito à hierarquia dos conceitos dentro da ciência, o que facilitou o entendimento por parte dos alunos.

O uso de um ambiente de programação foi essencial para a investigação, porquanto, por meio dele, foi possível que os participantes visualizassem o comportamento gráfico de cada função e entendessem as diferenças quando eram alteradas cada uma das constantes. Para verificar de fato a validade dos resultados encontrados nessa parte do projeto, seria necessária a participação de todos os alunos que estavam presentes na primeira parte, portanto o que poderia ser feito de diferente era aplicar a atividade durante o horário de aula, caso houvesse tempo e computadores disponíveis.

Enfatiza-se, então, a importância do trabalho com tecnologia e principalmente com o uso de softwares de programação para o ensino de conceitos matemáticos que são básicos, mas muito importantes para a aprendizagem de conceitos mais específicos, como aqueles vistos na disciplina de Cálculo 1. Apesar disso, ressalta-se que apenas utilizar o software não basta, pois é preciso preparação do professor e reflexão sobre como utilizá-lo de forma significativa, levando os alunos a aprenderem o conceito.

Referências

BARANAUSKAS, M. C. C. *et al.* Uma taxonomia para ambientes de aprendizagem baseados no computador. *In*: VALENTE, J. A. (org.). **O computador na sociedade do conhecimento**. Campinas: Gráfica Central da UNICAMP, 1993. p. 49-87.

BOTELHO, L.; REZENDE, W. M. Um breve histórico do conceito de função. **Caderno Dá Licença**, Niterói, v. 6, p. 64-75, 2007. Disponível em: http://dalicenca.uff.br/wp-content/uploads/sites/204/2020/05/UM_BREVE_HISTRICO_DO_CONCEITO_DE_FUNO.pdf. Acesso em: 15 abr. 2022.

KLAUSMEIER, H. J.; GOODWIN, W. **Manual de psicologia educacional**: aprendizagem e capacidades humanas. Tradução de Maria Célia T. A. de Abreu. São Paulo: Harper & Row do Brasil, 1977. p. 309-345.

LOMÔNACO, J. F. B. *et al.* Do característico ao definidor: um estudo exploratório sobre o desenvolvimento de conceitos. **Psicologia**: Teoria e Pesquisa, Brasília, v. 12, n. 1, p. 51-60, jan./abr. 1996.

MOREIRA, M. A Teoria de aprendizagem de David Ausubel. *In*: MOREIRA, M. *et al.* (org.). **Aprendizagem**: perspectivas teóricas. Porto Alegre: UFRGS, 1985. p. 127-143.

REZENDE, W. M. **O ensino de cálculo**: dificuldades de natureza epistemológica. 2003. Tese (Doutorado em Educação) – Universidade de São Paulo, São Paulo, 2003. Disponível em: https://www.teses.usp.br/teses/disponiveis/48/48134/tde-27022014-121106/pt-br.php. Acesso em: 15 abr. 2022.

SANDHOLTZ, J. H.; RINGSTAFF, C.; DWYER, D. **Ensinando com tecnologia**: criando salas de aula centradas nos alunos. Porto Alegre: Artes Médicas, 1997.

SIERPINSKA, A. Humanities students and epistemological obstacles related to limits. **Educational Studies in Mathematics**, Dordrecht, v. 18, p. 371-397, 1987. Disponível em: https://www.jstor.org/stable/3482354. Acesso em: 15 abr. 2022.

SILVA, M. H. M.; REZENDE, W. M. Análise histórica do conceito de função. **Caderno Dá Licença**, Niterói, v. 2, p. 28-33, 1999. Disponível em: http://dalicenca.uff.br/wp-content/uploads/sites/204/2020/05/Anlise_Histrica_do_Conceito_de_Funo.pdf. Acesso em: 15 abr. 2022.

VALENTE, J. A. Análise de diferentes tipos de softwares usados na educação. *In*: VALENTE, J. A. (org.). **O computador na sociedade do conhecimento**. Campinas: Gráfica Central da UNICAMP, 1993. p. 88-110.

VIGOTSKY, L. S. Um estudo experimental da formação de conceitos. *In*: VIGOTSKY, L. S. **Pensamento e linguagem**. São Paulo: Martins Fontes, 1962. p. 45-70.

7

A GAMIFICAÇÃO NA APRENDIZAGEM DE CONCEITOS LITERÁRIOS[27]

Carina Mendes Barboza

1 Introdução

Em uma das crônicas da escritora Martha Medeiros, encontramos um interessante ponto de vista sobre a funcionalidade da poesia, no entanto também podemos trocar a palavra "poesia" por "literatura", que é mais abrangente.

Até hoje, pergunta-se: para que serve a arte, para que serve a poesia [literatura]?

> Intelectuais se aprumam, pigarreiam e começam a responder dizendo "Veja bem" e daí em diante é um blablablá teórico que tenta explicar o inexplicável. Poesia [Literatura] serve exatamente para a mesma coisa que serve uma vaca no meio da calçada de uma agitada metrópole[28]. Para alterar o curso do seu andar, para interromper um hábito, para evitar repetições, para provocar um estranhamento, para alegrar o seu dia, para fazê-lo pensar, para resgatá-lo do inferno que é viver todo santo dia sem nenhum assombro, sem nenhum encantamento (Medeiros, 2008).

Com este excerto, damos início à nossa reflexão sobre a utilidade da literatura na vida cotidiana, provocando um estranhamento, fazendo pensar, trazendo encantamento, e como desenvolver estas habilidades na escola com alunos do ensino médio.

---

[27] Fruto de uma intervenção da disciplina Aprendizagem de Conceitos Escolares e as Tecnologias, no ano 2019, junto ao PPGE/FCT/UNESP.

[28] Cow Parade, a exposição ao ar livre de 150 esculturas em forma de vaca, em tamanho natural, feitas de fibra de vidro e decoradas com muita cor e insanidade por artistas plásticos, diretores de arte, designers e cartunistas, foi realizada na cidade de São Paulo.

Trabalhar a literatura no ensino médio segundo os Parâmetros Curriculares Nacionais (PCN) deve ser contextualizado e o professor deverá tê-lo em mente como finalidade fundamental para que o aluno seja formado com consciência e objetividade.

Os PCN (Brasil, 2002, p. 68) orientam que:

> O conceito implica compreender todo conhecimento como resultado de uma construção coletiva. Na situação escolar, como resultado da interação permanente entre alunos, professores e escola. Em vez de um conjunto de informações pouco significativas e descontextualizadas, o conhecimento é um patrimônio dinâmico, que se renova diante do amadurecimento intelectual do aprendiz, de novos pontos de vista, das descobertas científicas.

O estudo da literatura no ensino médio, segundo os PCN, precisa levar o aluno para um contexto social. Assim, a aprendizagem torna-se significativa, pois o aluno acaba identificando-se com o que a escola propõe.

O professor tem por responsabilidade dinamizar suas estratégias para apresentar o texto literário aos discentes, como também propor uma leitura prática. Sabemos que não existem fórmulas prontas, mas é possível criar estratégias para o ensino da literatura (Brasil, 2006). Com base em uma mediação eficaz do professor, os alunos conseguirão desenvolver uma absorção significativa dos conceitos.

O movimento literário do Realismo, no Brasil, se manifestou em consequência da crise criada com a decadência econômica açucareira e o descontentamento da classe burguesa em ascensão na época, o que facilitou o acolhimento dos ideais abolicionistas e republicanos, e das ideias liberais e abolicionistas.

A atitude de aceitação da existência tal qual ela se dá aos sentidos desdobra-se na cultura da época, em níveis diversos, mas complementares. No nível ideológico, ou seja, na esfera da explicação do real; e no nível estético, em que o próprio ato de escrever é o reconhecimento implícito de uma faixa de liberdade.

O Realismo aqui se estabeleceu com a obra de Machado de Assis *Memórias póstumas de Brás Cubas*, em 1881. Em oposição aos temas do Romantismo, os realistas não engrandecem mais os valores sociais, ao contrário, expõem-nos de um modo factual. Entre os pontos de destaque nas obras realistas, não estão mais os locais bucólicos, a burguesia em ascensão, que copia os moldes europeus, os casamentos felizes, presentes nos romances românticos; no Realismo, os ambientes são miseráveis, descreve-se a vida dos pobres e proletários, critica-se a sociedade, seus costumes, e abordam-se temas como o adultério nos casamentos, com personagens imprevisíveis, sem uma personalidade fixa, mutável por influência do meio.

Partindo destas premissas, nosso objetivo no presente capítulo é descrever o processo de desenvolvimento do conceito do movimento literário Realismo com alunos do segundo ano do ensino médio de uma maneira contextualizada e dinâmica, e como elemento para fixação e discussão do tema utilizaremos o software Kahoot.

Kahoot, criada em 2013 na Noruega, é uma plataforma gratuita de aprendizado baseada em jogos, usada como tecnologia educacional em escolas e outras instituições de ensino. Seus jogos de aprendizado são testes de múltipla escolha (quatro opções) que permitem a geração de usuários e podem ser acessados por meio de um navegador da web ou do aplicativo Kahoot, em dispositivos como: computador, tablet e celular. Pode ser utilizado como recurso didático em escolas para revisar o conhecimento dos alunos, para avaliação formativa ou como uma pausa das atividades tradicionais da sala de aula.

Os alunos não precisam criar uma conta, podem utilizar o código de acesso (chamado de *Game PIN*) para participar do quiz criado pelo professor. Na formatação, é possível inserir fotos, vídeos ou planilhas para ilustrar melhor as questões. O professor pode determinar o tempo de resolução de cada questão, de 5 segundos a 2 minutos, acompanha a atividade no datashow em que é mostrado o desempenho dos participantes. As alternativas aparecem na tela do datashow, cada uma associada a uma cor e uma forma geométrica, no dispositivo vai aparecer somente a cor e a forma geométrica, ao fim do tempo aparece a resposta e a pontuação do aluno, e na tela os cinco participantes que responderam mais rápido à questão. A cada questão é possível analisar imediatamente quantos alunos acertaram, assim o professor poderá realizar um feedback imediato. No Kahoot, pode-se gerar uma planilha Excel no fim da atividade, que dá a opção de analisar cada questão de modo individual.

2 O aporte tecnológico na aprendizagem do conceito

Com o advento das Tecnologias da Comunicação e da Informação (TIC) e o desenvolvimento da "sociedade da informação", que apresenta características como a complexidade, a interdependência e a imprevisibilidade, excesso de informação a rapidez dos processos e suas consequências, a escassez de espaços e de tempo para a abstração e a reflexão (Coll; Monereo, 2010, p. 22-23); surgem também novos paradigmas para a educação, novos tipos de estudantes. Essa geração que nasceu na sociedade da informação tem uma relação mais próxima com a linguagem tecnológica, e com a chegada da web 2.0 é participante ativa no seu processo de aprendizagem, já que essa web possibilita a participação colaborativa na formação de informação.

Na revisão dos paradigmas teóricos dominantes nos estudos da interação entre humanos e computadores, o pesquisador Kaptelinin (2002), em seu trabalho intitulado *Human-computer*, apresenta três grupos de abordagens sobre o estudo dessas interações: a aproximação cognitiva, a aproximação sociocognitiva e a aproximação conforme a teoria da atividade. Sem excluir as duas primeiras, podemos dizer que a terceira amplia o foco e introduz contextos de atividade social, além dos orientados à educação, em que a interação humano-computador passa o ambiente laboral e chega à aprendizagem, aos jogos e ao lazer, possibilitando a participação das crianças e dos adolescentes como autores e designers valendo-se de tecnologias persuasivas, com o desenvolvimento da web adaptativa (Coll; Monereo *apud* Kaptelinin, 2002).

Valente (2005) aponta a diferença entre ensino *de* informática e ensino *pela* informática: a primeira diz respeito a ferramentas disponíveis, softwares, conhecimentos específicos de informática; o segundo, aos conhecimentos que podem ser construídos e ensinados utilizando a informática. Podemos associar as duas diferenças na interação aluno-computador para a construção de conceitos e propiciar atividades de aprendizagem.

Considerando as interações aluno-computador, Valente (2005) formula o ciclo das ações e a espiral da aprendizagem. O ciclo explicita as ações de descrição, execução, reflexão e depuração, de forma que tem sido identificado como ciclo descrição-execução-reflexão-depuração. O ciclo possibilita o entendimento das características que os softwares apresentam na construção do conhecimento, e serve de base para a compreensão dos softwares na educação. Para Valente, o processo de descrever, refletir e depurar não acontece simplesmente colocando o aluno em frente ao computador. Existe a necessidade da mediação por parte do professor.

As ações podem ocorrer simultaneamente; durante uma ação, o aluno pode estar pensando ou mesmo já executando outra. Por exemplo, durante a execução, à medida que o resultado vai sendo produzido, ele pode estar refletindo e pensando nas alterações a serem feitas. Nesse sentido, a construção do conhecimento vai se transformando numa espiral, em que as ações estão ocorrendo de maneira simultânea, porém a espiral só cresce se o ciclo acontece. "E o ciclo acontece quando o aprendiz está realizando um produto concreto usando as facilidades da informática" (Valente, 2005, p. 70-72).

Nessa relação aluno-computador, podemos diversificar as práticas para ensinar e aprender, e um dos recursos a serem explorados para isso é a *gamificação*, que, de acordo com Werbach e Hunter (2012), compreende a aplicação de elementos de jogos em contextos que não são de jogo. Nesse sentido, a autora Contreras-Espinosa (2018) afirma que utilizar elementos de jogo pode tornar uma atividade de não jogo em algo envolvente e divertido, mas não apenas isso, vai além do prazer de jogar, traz uma mudança de ação e no cotidiano dos jogadores. Passar um conceito para um material gamificado aumenta o engajamento, os níveis de prazer do usuário, contribui para o processo de criação do conhecimento e melhora a aprendizagem (Li; Crossman; Fitzmaurice, 2012). A gamificação dentro do ambiente escolar traz mudanças na prática pedagógica, e motiva os estudantes, que aprendem novos conceitos de forma mais ativa e engajada, tornando-os protagonistas no seu processo de aprendizagem.

3 Aprendizagem de conceitos e suas características definidoras

No tocante ao desenvolvimento de conceito, o pesquisador Keil (1989) indica que, quando há um gradual afastamento das propriedades características dos exemplos de uma categoria (ou seja, propriedades que estão comumente associadas à maioria dos exemplos, mas não a todos), ocorre uma mudança qualitativa no desenvolvimento dos conceitos, em consequência da aproximação e atenção a suas propriedades definidoras, que são entendidas como um conjunto de aspectos que são necessários e suficientes para se definir um conceito.

Na concepção de representação de conceitos de Lomônaco *et al.* (1996), a concepção teórica sugere que o sujeito apresenta pressuposições sobre seus conhecimentos de mundo em uma situação de formação de novos conceitos. Essas pressuposições, também chamadas de teorias ou modelos, não são necessariamente uma explicação científica, mas essencialmente explicações baseadas no senso comum. Com base nestes pontos, observa-se que as propriedades definidoras do movimento literário estudado trazem características de uma visão mais realista da sociedade de determinado momento da história, de como as pessoas reagem diante de determinada situação e se poderiam ser influenciadas de acordo com o meio em que estavam inseridas.

Fundamentada em Leontiev, Sforni (2003, p. 3) afirma que:

> [...] quando um instrumento físico ou simbólico foi aprendido pelo sujeito, significa que nele já se formaram ações e operações motoras e mentais necessárias ao uso desse instrumento, o qual deixa então de ser externo e se transforma em "parte do corpo" do sujeito, mediando sua atividade física ou mental.

Para Vigotsky (2001), é pela convivência em situações sociais específicas, como no ensino, que se desenvolvem e internalizam os conhecimentos, pela mediação semiótica e processos de internalização mediante uso de instrumentos. Dentro do processo de internalização, surge o desenvolvimento da consciência, que ocorre conforme a atividade do sujeito, mediada por instrumentos socioculturais como os signos, que são fontes de desenvolvimento e reorganização do funcionamento psicológico global. Os signos, também chamados códigos, se formam da experiência com o mundo objetivo, são fornecidos pela cultura, usados para a decifração e atuação do/no mundo, e propiciam o contato com as formas culturalmente determinadas da organização.

Com essas teorias, Sforni (2003) amplia o conceito de mediação e traz a mediação conceitual, ações compartilhadas entre pessoas com elementos mediadores. Acrescenta que no contexto escolar há uma dupla mediação, professor e estudantes; estudantes e contexto escolar. A primeira acontece quando a ação docente envolve a disponibilização dos conteúdos escolares de modo que os estudantes sejam capazes de realizar, de forma consciente, as ações mentais objetivadas nos conhecimentos historicamente produzidos. Além disso, a mediação docente deve criar ações capazes de estabelecer processos de aprendizagem que possibilitem aos estudantes a apropriação da significação de conceitos científicos.

De acordo com Battisti (2014), são características da mediação do professor: dar significado ao que ensina, intencionalidade; considerar o nível de desenvolvimento potencial do estudante; domínio dos conhecimentos na atividade de ensino; e interferir de modo que as ações se estabeleçam no sentido da constituição de zonas de desenvolvimento proximal dos estudantes, provocando avanços que não ocorreram espontaneamente.

Assim, um "bom ensino" pode ser considerado como um processo em que tramite-se conhecimento científico transformando-o em conteúdo curricular a partir da prática docente "e sua apropriação ativa pelos alunos formam uma unidade dialética, cujos polos do ensino e da aprendizagem relacionam-se pela mediação da atividade de pensamento "condensada" no conhecimento científico" (Eidt; Duarte, 2007, p. 55).

4 Metodologia

Objetivamos utilizar o recurso da gamificação para revisar, com os alunos do segundo ano do ensino médio, os conceitos sobre o Realismo, tendo como apoio os pressupostos do referencial teórico considerado, e com especial atenção a: mediação no contexto escolar, relação entre professor e aluno, conteúdo escolar e aluno (Sforni, 2003). Como foco de análise estão: a mediação na aprendizagem de conceitos do Realismo, e o uso do software Kahoot como instrumento de mediação, revisão e fixação do conceito.

A intervenção teve duração de 20 aulas, fator que possibilitou o processo na aplicação da sequência didática pelo professor responsável pela turma, e o conceito estar de acordo com o plano curricular do bimestre.

A proposta da utilização de um software na realização da atividade teve como objetivo dinamizar a atividade, estimular os estudantes a aprender dentro de uma prática diferente daquela a que eles estavam acostumados. A mudança de ambiente, sala de informática, também é um fator que empolgou os estudantes a participarem. A ideia de jogo está ligada a divertimento, e aliar a aprendizagem de um conceito utilizando um jogo foi uma forma divertida de aprender novos conceitos.

Partindo dos conhecimentos prévios dos alunos sobre o movimento literário Romantismo, já trabalhado anteriormente, os alunos leram dois textos diferentes, um com características românticas e outro com características do Realismo. Um trecho de *A moreninha*, de Joaquim Manuel de Macedo (Romantismo), e o conto "A cartomante", de Machado de Assis.

Posteriormente à leitura dos textos, houve uma série de perguntas aos alunos sobre características da história, dos personagens, descrição dos ambientes, dos costumes, buscando contrapor as informações de um enredo com o outro, sempre buscando que as questões fizessem os alunos formularem seus conhecimentos sobre o tema segundo suas conclusões. Vale destacar que o trabalho com os textos visava destacar as características de cada movimento, entre elas o fator da visão idealista do Romantismo e a visão realista do Realismo, o primeiro abordava a vida de uma forma mais doce e lúdica, já o segundo mostrava a vida mais dura, com as intempéries que conduziam os personagens a mostrarem seu lado mais obscuro como forma de sobrevivência.

> *Primeiro momento*
>
> *Professora: Os dois textos são iguais, parecidos ou diferentes?*
>
> *Alunos: Diferentes*
>
> *Professora: Por quê?*
>
> *Aluna V.A.: Porque no texto* A moreninha *tem final feliz, já na* "A cartomante" *tem fim trágico.*
>
> *Professora: Então é possível romances com finais tristes?*
>
> *Aluna T: Mas romance já não diz que é romântico?*
>
> *Aluno L.H.: Não, a gente pode dar o nome de romance para os livros com histórias. Não é, professora?*
>
> *Professora: É sim, L.H., podemos chamar os livros de romances, então eu posso ter um romance com final triste, ou não?*
>
> *Aluna T.: Pode.*
>
> *Professora: O que mais é diferente nos dois textos?*
>
> *Aluno P.V.: A moreninha é muito meloso, "A cartomante" é normal.*
>
> *Professora: Como assim "normal"?*
>
> *Aluno P.V.: Normal, ué, real, a realidade.*
>
> *Professora: E* A moreninha *não pode ser realidade também?*
>
> *Aluna V.: Pode, mas não é tão comum, "A cartomante" é mais.*

Aluna G.: A moreninha *termina com os dois juntos, na "Cartomante" conta depois de casar, o conto de fadas acabou. As histórias românticas nunca contam o que acontece depois do casamento...*

Professora: E com relação às personagens principais, o que a gente pode dizer?

Aluna A.: A Moreninha era a mocinha; e o Augusto, o mocinho.

Professora: E na "Cartomante"? Quem era mocinho, e quem era vilão?

Aluna A.: Eu acho que no final todo mundo era vilão, Rita e Camilo, porque traíam, Vilela, porque matou, e a cartomante, porque mentiu. Ninguém era mocinho.

Professora: Isso quer dizer que todos eles eram maus?

Aluna A.: Não eram maus, só não fizeram o certo.

Professora: Como assim?

Aluna V.A.: Rita e Camilo se apaixonaram, não queriam deixar o Vilela triste. O Vilela matou porque se sentiu traído, e a cartomante mente para sobreviver.

Professora: Qual a diferença entre a Moreninha e Rita?

... [pausa para olhar o texto]

Aluna T.: Tá aqui, na página 38, "Ela é travessa como o beija-flor, inocente como uma boneca, faceira como o pavão, e curiosa como... uma mulher", essa é a Moreninha. Ela era novinha, tinha uns 14 anos.

Professora: E Rita?

Aluna M.E.: "era graciosa e viva nos gestos, olhos cálidos, boca fina e interrogativa. Era um pouco mais velha que ambos: contava trinta anos..." Era mais velha.

Aluno V.P.: Era uma safada! Isso sim!

Professora: Por que você acha isso?

Aluno V.P.: Olha aqui essa parte: "Camilo quis sinceramente fugir, mas já não pôde. Rita, como uma serpente, foi-se acercando dele, envolveu-o todo, fez-lhe estalar os ossos num espasmo, e pingou-lhe o veneno na boca. Ele ficou atordoado e subjugado". Ela deu o bote nele, e ela era casada.

[risos]

> ...
>
> *Professora: Vocês lembram que nós vimos que o contexto histórico, os costumes da sociedade e os avanços influenciavam na forma de escrever da época, e que cada período com obras escritas que apresentavam características semelhantes tinham uma denominação?*
>
> *Alunos: Sim/ mais ou menos/ não muito...*
>
> *Professora: Qual movimento literário em que foi escrito* A moreninha?
>
> *Aluna V.A.: No Romantismo?*
>
> *Professora: Isso, "A cartomante" se enquadra nas mesmas características de* A moreninha?
>
> *Alunos: Não.*
>
> *Professora: Então "A cartomante" faz parte de outro movimento literário, certo?*
>
> *Alunos: Certo.*
>
> *Professora: Na próxima aula continuamos trabalhando esse assunto.*

Nas aulas seguintes, por meio do livro didático, os alunos puderam iniciar outras atividades relacionadas ao Realismo. No próprio material havia questões de interpretação e compreensão textual, desenvolvendo outras habilidades, como retirar as ideias implícitas e explícitas do texto.

Na sequência, a proposta da gamificação começa a ser organizada com as instruções para os alunos, que foram divididos em grupos. Cada grupo ficou responsável pela produção de questões objetivas com respostas de múltipla escolha sobre quatro vertentes: o contexto histórico do Realismo; as características marcantes; personagens e obras; autores.

Durante a elaboração das questões, eles podiam consultar a internet para pesquisar sobre o assunto e contavam com a mediação do professor; e conseguimos observar a interação dos alunos entre si e com o conteúdo por meio de discussões sobre a formulação das questões. Para Valente (2005), em todos os tipos de software, sem a presença do mediador, preparado para questionar, desafiar, fornecer informação adequada, é muito difícil esperar que o software crie as situações para o aluno construir seu conhecimento.

Grupo A

Aluno L.H.: Não, B, não pode fazer pergunta muito longa, a professora disse que tem que ser objetiva.

Aluno B.: Tá bom. Professora? A gente pode colocar um resumo de uma história e perguntar quem escreveu?

Professora: Pode, mas tentem resumir bem a pergunta, abordem o tema principal do livro, conseguem fazer em duas linhas?

Aluno B.: Acho que sim.

Aluno L.H.: Não falei? Era assim que era para fazer, vamos pesquisar nessa página aqui que fala das obras...

Grupo B

Aluna A.: Se o Realismo teve início no final do século XIX, vamos pesquisar o contexto histórico da época.

Aluna T.: Pesquisar o quê?

Aluna G.: Pesquisar o que estava acontecendo naquela época.

Foi proposta aos alunos a montagem das questões no Kahoot; a digitação das questões no software ficou a cargo de um representante de cada grupo, em uma conta criada pelo professor. Na sala de informática, os alunos se dividiram em duplas e trios para participar do quiz. Não eram os mesmos grupos iniciais, houve a troca de parceiros. Cada questão era liberada e respondida em um prazo de 20 segundos de duração, e depois discutíamos sobre os erros, os acertos e as dúvidas. Interessante que os próprios alunos se davam conta do erro, ou sanavam a dúvida de algum colega. A cada acerto, eles vibravam, e ficavam muito entusiasmados pelos resultados.

Questão

São obras realistas que visam discutir sobre o adultério nos casamentos burgueses, exceto:

▲ O primo Basílio

◆ Madame Bovary

● Dom Casmurro

■ Memórias póstumas de Brás Cubas √

Aluno B.: Ah, errei, agora que eu lembrei que Brás Cubas era aquela história do defunto autor.

Questão

A Revolução Industrial fortaleceu _____ como classe dominante, sendo criticada no Realismo.

▲ *o proletariado*

◆ *o parlamento*

● *a burguesia* √

■ *o trabalhador*

Aluno G.: Mas não foi o proletariado?

Aluna A.: Não, o proletariado não é classe dominante, a burguesia dominava o proletariado.

Aluno G.: Ah, entendi. Fiz confusão.

O professor, entre outras funções, tem o papel de formalizar os conceitos convencionados historicamente. A intervenção do professor é facilitada pela existência da representação das ideias do aprendiz em termos de uma linguagem precisa. Nesse sentido, o papel do computador também é fundamental.

O erro se torna parte importante do processo, porque traz ao aluno a oportunidade de achá-lo e corrigi-lo, e entender o que está fazendo e pensando. Esse processo pode criar oportunidades para o professor trabalhar em um nível metacognitivo, como o aprender-a-aprender (Valente, 2005, p. 80), ou seja, a aprendizagem com sentido, construída dentro do processo de elaboração do jogo, com o estudante como protagonista.

5 Resultados, discussão e análise

Por meio da construção dos conhecimentos, o desenvolvimento da consciência, a decodificação dos signos, os processos de internalização e a mediação dos estudantes com o conteúdo e do professor com os estudantes, foi possível realizar as ações do ciclo e a espiral de aprendizagem. A gamificação foi um fator que tornou o processo de mais dinâmico, em que os estudantes puderam construir o conceito dentro de um procedimento em etapas, e com envolvimento ativo dos participantes na construção do jogo descrito, em que os alunos saíram do papel passivo de receptor de informação e passaram a eles mesmos, encontrar respostas para as perguntas que desenvolveram.

Alguns pontos para serem revisados: o acesso à internet foi um dificultador em alguns momentos, porquanto o número de computadores disponíveis ter sido menor que o número de alunos. Além disso, a ideia inicial era que os alunos acessassem o Kahoot por meio dos seus smartphones, utilizando o banco de dados fornecido pelo professor, porém o número de alunos utilizando os dados ao mesmo tempo impossibilitou o uso da internet. Com isso, foi necessário que eles se agrupassem para usar os computadores da escola. Alguns, que faltaram no dia da elaboração das questões, fizeram as questões em casa, sem a mediação do professor. Como resultado, copiaram as questões da internet e não atenderam às orientações passadas em sala de aula. O que nos faz concluir que a mediação do professor nos processos é essencial.

6 Considerações finais

O uso da gamificação no ensino de um conceito para os alunos do ensino médio foi positivo, na medida em que propiciou a revisão, fixação e discussão sobre os conceitos formados da mediação do professor em fazer com que os discentes chegassem às próprias conclusões a respeito do movimento literário do Realismo, saindo de um modo sistematizado do ensino, transformando os estudantes em partícipes ativos do seu processo de aprendizagem.

É importante destacar que as tecnologias são os meios, e não os fins; são instrumento a serviço do ensino dos conceitos, e, para que isso possa ser executado de modo eficaz, é fundamental que o professor tenha a compreensão prévia do conceito e que saiba conduzir o uso dos recursos tecnológicos como auxiliar na construção do conceito, nas pesquisas, na organização das informações buscadas, na forma de associar estes dados. Os participantes, ao mesmo tempo que se divertiam durante o processo, se empolgavam com os acertos, reconheciam os erros, trabalhando em equipe e construindo saberes.

Referências

ABAURRE, M. L.; ABAURRE, M. B.; PONTARA, M. **Português**: contexto, interlocução e sentido. São Paulo: Moderna, 2016.

BATTISTI, I. K.; NEHRING, C. M. Mediação docente em uma aula de matemática: uma abordagem histórico-cultural. **Nuances**: Estudos sobre Educação, Presidente

Prudente, v. 25, n. 2, p. 65-85, maio/ago. 2014. Disponível em: https://revista.fct.unesp.br/index.php/Nuances/article/view/2818/2688. Acesso em: 15 maio 2024.

BRASIL. Ministério da Educação. Secretaria de Educação Fundamental. **Parâmetros curriculares nacionais**. Brasília: Editora FTD, 2000.

BRASIL. Ministério da Educação. Secretaria de Educação Fundamental. **Parâmetros curriculares nacionais**: ensinando a língua portuguesa no ensino médio. Brasília: Editora FTD, 2002.

BRASIL. Ministério da Educação. Secretaria de Educação Fundamental. **Parâmetros curriculares nacionais**: o currículo da língua portuguesa e da literatura no ensino médio. Brasília: Editora FTD, 2006.

COLL, C.; MONEREO, C. Educação e aprendizagem no século XXI: novas ferramentas, novos cenários, novas finalidades. *In*: COLL, C.; MONEREO, C. **Psicologia da educação virtual**: aprender e ensinar com as tecnologias da informação e da comunicação. Porto Alegre: Artmed, 2010. p. 15-46.

CONTRERAS-ESPINOSA, R. S. Gamificação e educação. *In*: MILL, D. (org.). **Dicionário crítico de educação e tecnologias e de educação a distância**. Campinas: Papirus, 2018. p. 278-280.

EIDT, N. M.; DUARTE, N. Contribuições da teoria da atividade para o debate sobre a natureza da atividade de ensino escolar. **Revista da Psicologia da Educação**, São Paulo, n. 24, 1. sem. 2007. Disponível em: http://pepsic.bvsalud.org/scielo.php?script=sci_arttext&pid=S1414-69752007000100005. Acesso em: 20 jan. 2020.

KEIL, F. C. **Conceptual change in childhood**. Cambridge, MA: MIT Press, 1985.

KEIL, F. K. **Concepts, Kinds, and Cognitive Development.** Cambridge, Mass: The MIT Press. 1989.

KAPTELININ, Victor. Activity theory: implications for human-computer interaction. *In:* NARDI, B. A. (Ed.). **Context and Consciousness:** Activity Theory and Human-Computer Interaction. Editora: The MIT Press. 2002, p. 32-53.

LOMÔNACO, J. F. B. *et al*. Do característico ao definidor: um estudo exploratório sobre o desenvolvimento de conceitos. **Psicologia**: Teoria e Pesquisa, Brasília, v. 12, n. 1, p. 51-60, jan./abr. 1996. Disponível em: https://pesquisa.bvsalud.org/portal/resource/pt/lil-185716. Acesso em: 20 jan. 2020.

MACEDO, J. M. **A moreninha**. São Paulo: Ática, 1994. (Série Bom Livro). Disponível em: http://www.dominiopublico.gov.br/download/texto/ua00132a.pdf. Acesso em: 20 jan. 2020.

MACHADO DE ASSIS, J. M. A cartomante. *In*: MACHADO DE ASSIS, J. M. **Obra completa**. Rio de Janeiro: Nova Aguilar, 1994, p. 1-7. Disponível em: http://www.dominiopublico.gov.br/download/texto/bv000257.pdf. Acesso em: 20 jan. 2020.

MEDEIROS, M. **Doidas e santas**. Porto Alegre: L&PM Editores, 2008.

PANSE, A. Cinco motivos para você usar o Kahoot em sala de aula. *In*: LOPEZ, J. M. **O cê um**. [Brasil], 9 dez. 2017. Originalmente publicada em Educação, Plataformas online. Disponível em: http://oceum.blogspot.com/2018/11/5-motivos-para-voce-usar-o-kahoot-em.html. Acesso em: 20 jan. 2020.

SANTOS COSTA, G. Kahoot! Um gameshow em sala de aula. *In*: SANTOS COSTA, G. **Giselda Costa**. [Brasil], 2016. Disponível em: http://www.giseldacosta.com/wordpress/kahoot-um-gameshow-em-sala-de-aula. Acesso em: 19 jan. 2020.

SFORNI, M. S. F. **Aprendizagem conceitual e organização do ensino**: contribuições da teoria da atividade. 2003. Tese (Doutorado em Educação) – Universidade de São Paulo, São Paulo, 2003. Disponível em: http://dedalus.usp.br/F/Q74I1AK8JBBFKKHTQN47D93JRCYQ3BCX8ACLCS99AC4XH6FFHT-15663?-func=direct&doc%5Fnumber=001305641&pds_handle=GUEST. Acesso em: 20 jan. 2020.

VALENTE, J. A. **A espiral de aprendizagem**: o processo de compreensão do papel das tecnologias de informação e comunicação na educação. 2005. Tese (Livre Docência) – Instituto de Artes, Universidade Estadual de Campinas, Campinas, 2005. Disponível em: http://www.bibliotecadigital.unicamp.br/document/?code=000857072&opt=4. Acesso em: 14 dez. 2019

VIGOTSKI, L. S. **A construção do pensamento e da linguagem**. Tradução de Paulo Bezerra. São Paulo: Martins Fontes, 2001.

WERBACH, K.; HUNTER, D. **For the win**: how game thinking can revolutionize your business. Philadelphia: Wharton Digital Press, 2012.

A APRENDIZAGEM DO CONCEITO DE ÉTICA MEDIANTE AS FERRAMENTAS DA WEB 2.0

Aletheia Machado de Oliveira
Marciana María Córdoba Mercado
Patrícia Regina de Souza

1 Introdução

Este trabalho é fruto de uma proposta de intervenção pedagógica pautada na aprendizagem de conceitos por intermédio da tecnologia, cujo objetivo foi contribuir para uma reflexão sobre ética na docência, bem como sobre a formação do conceito de ética, mediante ferramentas da web 2.0.

As temáticas moral e ética sempre estiveram atreladas, o que dificulta a apreensão do que significa cada conceito, porém cada qual possui a sua particularidade. Muitos autores (Sócrates, Aristóteles, Kant, Rousseau, Hegel, Bergson, Espinosa) se dedicaram a estudar as distinções entre os conceitos de ética e moral, considerando os diversos fatores (natureza, virtudes, condutas; cristianismo; cultura; história; razão, desejos e vontades etc.) que podem interferir na precisão da concepção.

Destacamos que a abordagem de qualquer conceito envolve em primeiro lugar a ideia e pensar sobre "O que compõe esse conceito?" Temos de saber quais são as suas características, seus princípios e suas propriedades. Logo, sua formação é lenta, demorada e não se forma de maneira isolada. Assim, o conceito está sempre em contraposição, em complementação com outros e transforma-se. Por isso, quanto mais chances tivermos de ampliar o significado por meio de reflexão, de pensar sobre, mais sofisticada e mais complexa será a nossa compreensão sobre o conceito.

Nesse sentido, o papel da tecnologia é o de ser o mediador que ajuda a desenvolver um determinado conceito. Diante disso, com uma infinidade de ferramentas tecnológicas à disposição da aprendizagem de conceitos, devemos sempre pensar que tais recursos podem contribuir nos processos do ensino e aprendizagem, sempre e quando haja uma correlação íntima entre eles e as atividades pedagógicas que exijam deles, que em nossa proposta de intervenção foi a formação do conceito de ética, o qual está imbricado com o de moral, causa pela qual trabalhamos ambos para que os estudantes se apropriassem do que era específico do conceito de ética.

Nessa perspectiva, a organização deste trabalho apresenta, logo após a introdução, uma breve análise de Moral e Ética, suas especificidades e relações, bem como o processo de formação de conceitos, pautadas no conceito de ética. Na sequência, refletimos sobre o uso das Tecnologias da Informação e Comunicação (TIC) para o ensino do conceito. Na metodologia, trazemos os procedimentos didáticos da intervenção, pautados na engenharia didática. Por fim, tecemos a discussão e análise dos dados, além das nossas considerações finais.

2 Tecnologia e o processo de formação de conceitos: o conceito de ética em pauta

Historicamente, a moral e a ética estiveram atreladas, o que dificulta a apreensão do que significa cada conceito, porém cada qual possui a sua particularidade. Assim, a moral é a instituição de normas e valores em uma sociedade, de modo que cada cultura estabelece aos seus membros o que é proibido ou permitido em uma mesma cultura, mas, devido às diferenças, uma mesma cultura ou sociedade pode ter várias morais (Chaui, 2000).

Chaui (2000) explicita que no Ocidente a concepção de ética ou filosofia moral se inicia com Sócrates quando indagava às pessoas quais eram os valores nos quais acreditavam e pelos quais se orientavam ao agir (o que é a coragem? O que é a amizade? *Et cetera*) e com base na retórica levava-os a pensar sobre as suas virtudes. Desse modo, a autora enfatiza que nossas condutas, ações e comportamentos são orientados culturalmente, ou seja, são modelados pelas condições nas quais vivemos (classe, família, religião, escola etc.). Por isso, valores e maneiras parecem existir por si e em si mesmos, parecem ser naturais e intemporais, fatos ou dados com os quais nos relacionamos desde o nosso nascimento: somos recompensados quando os seguimos, punidos quando os transgredimos" (Chaui, 2000, p. 1).

Nessa perspectiva, muitos autores (Sócrates, Aristóteles, Kant, Rousseau, Hegel, Bergson, Espinosa) se dedicaram a estudar as distinções entre os conceitos de ética e moral, considerando os diversos fatores (natureza, virtudes, condutas; cristianismo; cultura; história; razão, desejos e vontades etc.) que podem interferir na precisão desses conceitos. Dessa maneira, cada um dos filósofos pautou suas discussões em uma perspectiva específica, de modo que alguns diferem dos outros em relação às definições que estabelecem para cada um dos termos (Chaui, 2000).

Conforme Figueiredo (2008), a distinção entre ética e moral é algo que gera muitas discussões devido às semelhanças e diferenças entre os termos — até mesmo nos dicionários de filosofia há a marca dessa imprecisão. Diante disso, muitas vezes, ética e moral são utilizados indistintamente. Mas "usa-se a palavra moral mais frequentemente para designar códigos, condutas e costumes de indivíduos ou de grupos, como acontece quando se fala da moral de uma pessoa ou de um povo" (Figueiredo, 2008, p. 4).

As razões das divergências encontram-se na origem das palavras, as quais, embora com significados diferentes, foram traduzidas indistintamente. Porém, Figueiredo (2008) explicita que o conceito semântico não é o suficiente para se entender o emprego das palavras "moral" e "ética"; e, para dar-lhes significado, conceito ou definição, é necessário levar em consideração os contextos em que os usos desses termos se dão. Ou seja, é preciso considerar o contexto cultural de inserção dos termos, sendo crucial na análise da concepção que se tem. Porém, é possível identificar que, ao longo da história, os termos "moral" e "ética" foram utilizados com diversos significados e com relações distintas entre si (em Habermas, por exemplo).

Nessa vertente, tomando como base o que Lomônaco *et al.* (1996) estabelecem, embora haja aspectos que sejam característicos de ambos os conceitos (ética e moral), existe algo definidor para cada um. O aspecto definidor de Moral é que é algo que se estabelece pautado em um grupo específico de pessoas (normas, valores, condutas, conceito de certo e errado), ou seja, é caracterizado por regras e condutas estabelecidas por uma comunidade (ou grupo) em particular. Já o aspecto definidor da Ética é definido pelo seu processo reflexivo e crítico universal, não se detendo apenas em aspectos de grupos particulares, mas estabelecendo-se como uma instância maior cujo objeto é a reflexão sobre as "morais" instituídas socialmente.

No contexto educacional, os estudos ligados ao processo de formação de conceitos são importantes, pois possibilitam aos docentes identificarem os níveis conceituais em que os alunos se encontram para propor atividades de acordo com esses níveis. Esse processo não acontece de uma hora para outra. É gradual e nunca isolado.

Nesse sentido, Klausmeier e Goodwin (1977) apontam quatro tópicos importantes para o ensino eficiente da aprendizagem de conceitos e também para o desenvolvimento do currículo, a saber: a natureza e o uso; tendências de desenvolvimento na formação e uso; o preparo para ensinar; e princípios relativos de aprendizagem de conceitos.

Em discussão sobre a natureza e uso dos conceitos, os autores Klausmeier e Goodwin (1977, p. 312-314) definem conceito como "informação ordenada sobre as propriedades de uma ou mais coisas [...], que torna qualquer coisa ou classe de coisas capaz de ser diferenciada de, ou relacionada com outras coisas ou classes de coisas"; e princípio como "uma relação entre dois ou mais conceitos. Um princípio, como um conceito, é um constructo mental do indivíduo e uma entidade pública". Classificam-nos como *constructos mentais e entidades públicas*, em que o primeiro se refere às ideias próprias que cada indivíduo desenvolve a respeito do conceito; e o segundo trata do conceito tal como é definido pelos pesquisadores da área.

Com relação às tendências de desenvolvimento na formação e uso de conceitos, cinco são os princípios para explicar esse desenvolvimento e melhorar o ensino, quais sejam: (1) muitos conceitos são formados em uma sequência invariável, de acordo com quatro níveis sucessivos: concreto, de identidade, classificatório e formal; (2) formados em vários níveis e sua aplicação podem levar a (i) discriminação de relações supra-ordenadas-subordinadas em uma taxonomia em que o conceito formado é um elemento desta, (ii) compreensão de princípios que estabelecem uma relação entre o conceito formado e outros e (iii) resolução de problemas que exigem uso do conceito particular; (3) saber os nomes do conceito e de seus atributos facilita a formação deste nos vários níveis e também as três aplicações do conceito; (4) as crianças da mesma idade variam com relação ao seu nível de formação de conceito, e também em relação à aplicação dos conceitos formados; e (5) são formados pelas mesmas crianças, em diferentes ritmos (Klausmeier; Goodwin, 1977, p. 323-329).

Já quanto ao preparo para ensinar conceitos, os autores destacam a importância de futuros professores aprenderem os principais conceitos em seus campos de estudo e em outros campos de educação geral ao nível formal e que a universidade seria o local apropriado para esse preparo. Porém, o que se observa é uma formação em nível classificatório e, como consequência, os docentes não têm capacidade de analisar com confiança um conceito e suas aplicações. Para um ensino efetivo de conceitos, duas análises são importantes. Na primeira, *análise de um conceito*, o docente deverá identificar os conceitos que devem ser aprendidos antes de ensiná-los para estar preparado em um nível apropriado para certos estudantes. A segunda, *análise da probabilidade de exemplos*, composta de definição, exemplos e não exemplos, é útil para o professor verificar a dificuldade de discriminação dos exemplos e não exemplos e a capacidade de classificação de cada aluno (Klausmeier; Goodwin, 1977).

Por fim, em princípios relativos à aprendizagem de conceitos, os autores referidos apontam que é fundamental os docentes terem domínio sobre os atributos definidores, exemplos e não exemplos para um ensino efetivo. Tal domínio pode ajudar os alunos a desenvolverem os conceitos ao longo de quatro níveis cognitivos: concreto, de identidade, classificatório e formal. Nesse sentido, os autores se preocuparam em elencar alguns procedimentos que o professor poderia utilizar para que a aprendizagem de conceitos seja prazerosa aos alunos: identificar o nível em que o aluno pode formar o conceito; ensinar uma estratégia para formá-lo; programar uma sequência adequada de conjuntos de exemplos e não exemplos para o ensino e a avaliação do conceito; tomar claros os atributos definidores deste; estabelecer a terminologia correta para este e seus atributos; fornecer feedback informativo; propiciar o uso do conceito; e encorajar e orientar a descoberta e a autoavaliação.

Mediante toda essa discussão sobre o processo de formação de conceitos, cabe refletirmos sobre como podemos articular a aprendizagem de conceitos com as tecnologias da informação e comunicação[29] para o ensino do conceito de ética, entendendo que, para uma adequada implementação das TIC nos ambientes educacionais, elas devem estar alinhadas a uma atividade mediadora, definida "[...] como processos psicologicamente caracterizados por aquilo a que o processo, como um todo, se dirige (seu objeto), coincidindo sempre com o objetivo que estimula o sujeito a executar esta atividade, isto é, o motivo" (Leontiev, 1988, p. 68).

---

[29] Segundo Romaní (2009), as TIC são definidas como dispositivos tecnológicos (hardware e software) que permitem editar, produzir, armazenar, trocar e transmitir dados entre diferentes sistemas de informação que possuem protocolos comuns e desempenham um papel substantivo na geração, intercâmbio, disseminação, gestão e acesso ao conhecimento.

Nesse sentido, a atividade pedagógica deve estar bem estruturada e planejada, para que o estudante possa aprender significativamente, isto é, de maneira não literal e não arbitrária (Ausubel, 1980), os conceitos que são socializados pelo professor.

Outro ponto a ser destacado é que, apesar das mais diversas características e funcionalidades das TIC[30], não se deve cair no erro de confundir o método com a ferramenta. Tais recursos podem contribuir nos processos do ensino e aprendizagem, sempre e quando haja uma correlação íntima entre eles e as atividades pedagógicas que exijam deles. Segundo Cuban (2016, p. 35, tradução nossa), "Os pesquisadores cometem o erro de confundir os meios de instrução - televisão, laptops e ensino on-line - com o método pedagógico usado em vídeo, software ou a abordagem que o professor dá ao ensino"[31].

Da infinidade de ferramentas da web 2.0 que existem na atualidade, três foram utilizadas na proposta de intervenção didático-pedagógica para o aprendizado do conceito de ética, por meio das TIC, a saber: Jamboard[32]; Blogger[33]: e Glogster[34]. Conforme disposto por Valente (2005), o objetivo do trabalho com ferramentas tecnológicas não é ensinar conceitos computacionais, funcionamento, arquitetura básica, componentes; e sim priorizar o ensino de algum assunto, de qualquer área do conhecimento, pela via do computador, para que o aluno tenha a possibilidade de discutir, pensar, construir algo que o ajude na aquisição do conhecimento.

3 Procedimentos metodológicos

A metodologia em que se embasa a presente intervenção é conhecida com o nome de engenharia didática (Artigue; Douady; Monero, 1995). A seleção dela se justifica porque permite conhecer a realidade da construção dos conceitos, e contribuir na compreensão por parte dos estudantes e auxiliaria na verificação e na análise de como eles constroem o conceito de ética, a fim de poder aplicá-lo na sociedade atual, diferenciando-o da moral.

---

[30] Para conhecer um pouco da história das TIC, recomenda-se fazer uma revisão ao documento da Cepal (2003), em que se detalha pormenorizadamente sua evolução conforme a convergência TIC em três caminhos tecnológicos separados: informática, informação e comunicação.

[31] "Los investigadores cometen el error de confundir el medio de instrucción —la televisión, los ordenadores portátiles y la enseñanza en línea— con el método pedagógico empleado en el vídeo, el software o el enfoque que el profesor da a la docencia" (Cuban, 2016, p. 35).

[32] Tabuleiro digital interativo da Google Suíte. Lançado em 2016.

[33] Diário da rede criado por Pyra Labs e adquirida pela Google em 2003.

[34] Cartazes interativos on-line, criado por Martin Santorcl, Patrick Prepsl e outros em 2007.

Para Almouloud e Coutinho (2008, p. 66), a engenharia didática "pode ser utilizada em pesquisas que estudam os processos de ensino e aprendizagem de um dado conceito e, em particular, a elaboração de gêneses artificiais para um dado conceito". Além disso, prevê dois níveis, a saber: (1) *microengenharia*, centrado nos fenômenos que emergem da sala de aula; e (2) *macroengenharia*, centrado nos fenômenos espaçotemporais do processo de ensino-aprendizagem.

Tendo em consideração esses níveis, a presente intervenção pedagógica se inclui no nível de *microengenharia*. Contamos com a participação de estudantes da disciplina Política Educacional e Organização Escolar Brasileira, cursada por 31 alunos (18 mulheres e 13 homens) dos Programas de Graduação em Física (2), Química (17) e Matemática (12) da Universidade Estadual Paulista "Júlio de Mesquita Filho" (FCT/UNESP). A seguir, descreveremos as fases da engenharia didática proposta por Aguire, Douady e Moreno (1995).

3.1 Análise preliminar

Segundo Machado (1999, p. 201), a primeira fase abrange "o quadro teórico didático geral e sobre os conhecimentos didáticos adquiridos no assunto em questão". Na sequência, são detalhadas as respectivas análises.

Na *análise epistemológica* (formação do conceito de ética e as diferenças entre moral), as pesquisadoras leram os autores Chaui (2000), Figueiredo (2008) e Menin (2002) com o objetivo de ter muita clareza sobre o conceito e saber reconhecer os elementos definidores deste. Já na *análise didática*, socializamos com os estudantes da disciplina o texto estabelecido nas referências obrigatórias do programa de ensino intitulado "A dimensão ética da aula ou o que nós fazemos com eles"[35], da autora Terezinha Azerêdo Rios (2008). Por fim, em *análise das concepções dos estudantes*, os estudantes foram divididos em grupos e escolheram um nome para seu grupo. Assim, os grupos foram denominados: *Cactus Lovers*; *Desliga o Freezer a Noche*; *Las Brujas*; *Clube das Winx*; *Sextastico* e grupo X[36]. Tais grupos permaneceram os mesmos para todas as atividades desenvolvidas nas duas aulas em que foi aplicada a intervenção.

---

[35] O texto permite uma leitura fluida, contextualizada e com frases intrigantes e perturbadoras. Além disso, leva em consideração as necessidades atuais, ajudando os alunos a terem uma melhor compreensão do argumento discutido.

[36] O grupo foi chamado de X, pois foi composto por alunos que faltaram à primeira aula e os quais optaram por não atribuir nome ao grupo.

3.2 Análise a priori e concepção para a nossa intervenção

Segundo Machado (1999), a análise a priori deve conter uma parte de descrição e outra de previsão. Nesse sentido, objetivamos uma sequência didática na qual o estudante pudesse refletir sobre o conceito de ética, entendendo o elemento definidor, e, dessa maneira, pudesse diferenciá-lo de seu parente mais próximo, o conceito de moral. Sendo assim, as atividades selecionadas se embasaram nos seguintes critérios: atividades que utilizaram a multimídia; situações que colocaram os alunos diante de exemplos e contraexemplos; atividades práticas e contextualizadas e trabalho colaborativo; e, nesse caso, as TIC propiciam espaços de colaboração que permitem atingir esse objetivo e desenvolver as tarefas propostas.

3.3 Fase de experimentação

Em 01/11/2109, no Laboratório Didático de Computação II[37], fizemos uma breve apresentação pessoal e acadêmica da equipe. Informamos que a intervenção seria desenvolvida em duas aulas de três horas e meia cada uma, nos dias 01/11/2019 e 29/11/2019. O contrato didático foi socializado com a ajuda de slides: agenda da intervenção, tipo de registro que seria feito nas aulas, organização de equipes de trabalho (cinco pessoas) com um nome distintivo, as respectivas atividades e os tempos definidos para elas. Por fim, foi informado que as atividades seriam utilizadas para a avaliação da disciplina.

3.4 Análises a posteriori e validação

Essa fase inclui a análise dos dados coletados durante a experimentação, as observações e os respectivos registros das atividades desenvolvidas pelos aprendizes, as quais serão apresentadas, discutidas e analisadas a seguir.

4 Discussão e análise dos dados

Após a exposição da proposta de intervenção e a apresentação dos alunos e das doutorandas, os estudantes foram divididos em grupos e

---

[37] Recursos físicos utilizados: 30 computadores, um projetor e caixas de som.

escolheram um nome para seu grupo. Ressaltamos que os grupos permaneceram os mesmos para todas as atividades desenvolvidas nas duas aulas nas quais foram aplicadas a intervenção.

Considerando o trabalho realizado pelos grupos de alunos na ferramenta[38], bem como a problematização que propomos em relação aos conceitos de moral e ética, foi possível evidenciar que os alunos não tinham clareza das especificidades de cada termo e, muitas vezes, os utilizavam como sinônimos. Tal dificuldade não é incomum, tendo em vista a imbricação desses termos ao longo da história (Figueiredo, 2008).

Posteriormente, trabalhamos com os alunos o texto intitulado "A dimensão ética na sala de aula ou o que nós fazemos com eles", de Terezinha Azêredo Rios (2008), enfocando o princípio estruturante do texto, ou seja, a ideia de que o professor faz aulas e não dá aulas, bem como as diferentes dimensões éticas da aula, quais sejam: dimensão técnica (domínio de saberes e habilidade para a intervenção); dimensão estética (sensibilidade); e dimensão política (construção coletiva e exercício de direitos e deveres). Nesse momento, os alunos foram convidados ao diálogo e à problematização, de modo que pedimos exemplos de professores bons ou ruins que já tiveram e questionamos se esses docentes se pautavam nas dimensões éticas abordadas. Obtivemos respostas sobre as quais refletimos coletivamente, tais como: "*há professores [universitários] que corrigem as provas de acordo com o nome do aluno, não têm ética*" (Aluno 1); "*Tive um professor que era um gênio e dava aula de matemática, ele me inspirou*" (Aluno 2); "*tive um professor de história muito bom, mas era autoritário*" (Aluno 3).

Dessa maneira, levamos os alunos a refletirem sobre a importância das três dimensões éticas na docência para que o professor seja considerado um bom docente, caso contrário o exercício da docência não se efetiva de maneira plena (Rios, 2008). Assim, os alunos foram elencando as características necessárias ao bom docente e relacionando isso com a ética na docência.

Foram tratadas muitas questões sobre as quais refletimos, tendo em vista o conceito que buscamos trabalhar: políticas públicas externas que interferem na docência; profissionais que ensinam x professores que cumprem uma obrigação sem se preocupar com a aprendizagem dos alunos; ações morais e imorais na sala de aula; limites entre autoridade e autoritarismo; profissionalismo docente (limites entre professor e amigo).

---

[38] É importante destacar que explicamos como utilizar todas as ferramentas tecnológicas utilizadas para auxiliar no entendimento dos conceitos os quais propomos trabalhar com os universitários.

Após uma profícua discussão e problematização do texto[39], deixamos para os alunos duas atividades a serem realizadas como componente extraclasse: utilizamos o Blogger[40] como suporte para trabalhar casos relacionados com a ética no contexto da escola no qual os grupos estabelecidos previamente deveriam responder a perguntas sobre o caso; além disso, solicitamos aos licenciandos que assistissem ao filme nomeado *O Substituto* e que depois escolhessem um trecho que retratasse uma dimensão ética, bem como descrevessem a situação, explicitando o porquê da escolha.

Na segunda aula, inicialmente apresentamos os objetivos da aula, bem como colocamos para discussão os casos relativos à ética, os quais foram trabalhados no Blogger, além de termos debatido e refletido sobre o filme *O Substituto* e suas dimensões éticas e as características dos casos que as afastavam da ética na docência e no contexto da escola. Nesse momento, os alunos ainda não tinham clareza a respeito do que era definidor de ética e de moral (Lomônaco *et al.*, 1996), ainda estavam presos ao que era característico, e os conceitos ainda se imbricavam.

Posteriormente, tendo em vista a necessidade de deixar claro para os estudantes o que era definidor de cada conceito, trouxemos uma folha com as definições dos conceitos de ética e moral; tais definições eram de dicionários e sites distintos, a saber: dicionário *Bueno*, dicionário *Houaiss*, dicionário *Japiassu de filosofia* e de um site da Wikipédia.

Todo o processo de trabalho com e sobre os conceitos com o auxílio de algumas ferramentas tecnológicas estava contribuindo para a reflexão por parte dos discentes sobre os conceitos que buscamos trabalhar. Todavia, o salto da indefinição para a definição se deu quando trabalhamos com exemplos e contraexemplos envolvendo a ética e a moral.

Na atividade citada anteriormente, buscamos apresentar os extremos de uma situação e testar os limites, pois nessa linha tênue os alunos começaram a colocar em jogo os conhecimentos que vinham sendo construídos sobre os conceitos e tiveram de refletir sobre suas aplicações em distintos contextos os quais, muitas vezes, eram imorais, mas éticos e vice-versa. Como casos de exemplos e contraexemplos (Klausmeier; Goodwin, 1977), utilizamos os seguintes casos: mulher que engravida antes do casamento em um contexto de moral rígida e aborto; proibição

---

[39] Trabalhamos tal texto tendo em vista que já estava previsto como obrigatório para a disciplina na qual nos foi cedido um espaço para aplicar as intervenções.
[40] Disponível em: https://conceitoetica.blogspot.com/. Acesso em: 15 abr. 2024.

do uso da burca; homens-bomba etc. Os universitários ampliaram os exemplos e contribuíram com a discussão e chegaram à conclusão de que *"muitos atos são morais para as pessoas, embora não sigam os princípios éticos"* (Grupos de alunos).

Na sequência, ainda tratando a respeito dos limites entre Ética e Moral, apresentamos aos discentes trechos do filme *Um Ato de Coragem*, e eles já eram capazes de abordar com mais clareza a respeito de quais eram os princípios morais e éticos respeitados e os desrespeitados no contexto do filme: *"ele foi ético ao fazer aquilo, mas moralmente errado"* (Aluno 4); *"o hospital (sistema de saúde privado) não era ético quanto ao tratamento das pessoas (pessoas com dinheiro x pessoas sem boas condições financeiras)"* (Aluno 5).

Posteriormente, foi pedido aos alunos que, na ferramenta Jamboard, refizessem o conceito que tinham sobre moral e ética, de modo que pudéssemos evidenciar os avanços dos grupos em relação à apropriação do conceito e, como atividade final, pedimos aos grupos de alunos que elaborassem na ferramenta Glogster uma apresentação (Glog) sobre o entendimento que conseguiram abstrair a respeito dos conceitos trabalhados.

Atendo-se ao ciclo de ações proposto por Valente (2005), observamos que o ciclo foi benéfico para compreender como o processo de estruturação do conhecimento ocorre. O ciclo de ações permitiu aos licenciandos construir e reconstruir o conceito de ética (e paralelamente o de moral). Interagindo com essas ferramentas, os licenciandos tiveram a possibilidade de registrar seus saberes ou ideias pelo computador, produzindo um resultado. Um outro aspecto é que a representação do conhecimento pôde auxiliar no entendimento de conceitos complexos e abstratos, além de permitir ao aprendiz rever seus conceitos, aprimorar ou construir novos saberes e propiciar a chance de aprender com seus próprios erros.

É pertinente destacar que, antes de finalizar a intervenção, fizemos uma avaliação com os licenciandos a respeito da intervenção e obtivemos alguns comentários, dos quais destacamos alguns: *"Eu achei legal porque é algo que muita gente confunde... eu confundia... pensava o contrário [sobre os conceitos]"* (Aluno 6); *"Consigo entender o que é ética e o que é moral... deixou bem claro"* (Aluno 7); *"Ferramentas que não estamos acostumados e que despertaram o nosso interesse e possibilidade de uso [pessoal e como futuros docentes]"* (Aluno 8); *"O uso dos conceitos ficou bem claro na conduta das pessoas"* (Aluno 9); *"Os conceitos são muito semelhantes, a abordagem contribuiu para esclarecer e as ferramentas [TIC] auxiliaram a compreensão"* (Aluno 10) etc.

Desse modo, depreende-se que o processo de intervenção foi importante para os alunos tanto no sentido de aprendizagem de um conceito com o auxílio de algumas ferramentas, bem como no que diz respeito aos universitários conhecerem ferramentas as quais poderão usar futuramente, quer seja para estudo, quer seja na docência.

5 Considerações finais

O processo de ensino e aprendizagem é complexo e multifacetado, e, se somarmos a essa questão que o conceito socializado pertence à área das ciências sociais e humanas, esse fator intensifica a sua complexidade, no sentido de ter "evidências" sobre a compreensão do conceito. Isto significa que, para determinar se um conceito dessa natureza foi entendido, o mais adequado poderia ser verificá-lo na vida real, no dia a dia, com situações que confrontam sua aplicabilidade verdadeira e genuína; no entanto apresentamos timidamente alguns achados que, embora não sejam conclusivos, nos ajudarão a refletir acerca da compreensão dos alunos sobre o conceito de ética.

De antemão, ressaltamos que as tecnologias são meios para fazer com que os estudantes se apropriem do conceito estudado, contudo este deve ser previamente compreendido pelo(s) professor(es), tendo em vista que, para o docente saber encaminhar os alunos no processo de aprendizagem, é um pré-requisito a compreensão aprofundada sobre o conceito. Destarte, as tecnologias nos auxiliaram no processo de encaminhamento dos alunos na aprendizagem de um conceito que já havia sido compreendido por nós antes das intervenções iniciadas com os universitários.

Diante disso, as ferramentas da web 2.0 foram muito úteis no processo de compreensão do conceito de ética pelos estudantes, considerando a cultura digital em que os jovens estão imersos e seu fascínio por essas ferramentas. E, com a intervenção mediada com a multimídia, filmes e blog, os estudantes conseguiram confrontar seus saberes, navegando nesse mar de informações. As tecnologias utilizadas auxiliaram os alunos a expandirem o olhar sobre o conceito em estudo, na medida em que as situações midiáticas (filme, imagens e situações que abordavam o tema) e informacionais (definições diversas sobre o conceito retirados da internet, informações pesquisadas pelos estudantes etc.) os levaram a ampliar a sua compreensão sobre o conceito de ética.

Contudo, temos a clareza de que a internalização de um conceito envolve muito mais do que a utilização de tecnologias, de modo que confirmamos as reflexões de Cabero (2005) e Cuban (2016) ao afirmarem ser necessária uma mediação adequada para abordar a superabundância de informações.

Assim sendo, o trabalho do professor como mediador é essencial, pois é por meio de atividades de aprendizado que a mediação com as ferramentas da web 2.0 pode ser considerada valiosa. Não é fazer "uma aula show", é provocar situações de conflito cognitivo nas quais os aprendizes possam mobilizar informações e gerar suas próprias conclusões. Em face disso, foi possível observar que o conceito foi apreendido pela maior parte dos discentes, todavia, embora as TIC tenham auxiliado nesse processo, sem a mediação competente das docentes não seria possível atingir o objetivo, pois as tecnologias por si só não bastam; no caso da nossa intervenção, o ciclo de ações descrição-execução-reflexão-depuração só foi atingido graças à mediação docente competente, para além dos usos das TIC.

Referências

ALMOULOUD, S. A.; COUTINHO, C. Q. S. Engenharia didática: características e seus usos em trabalhos apresentados no GT-19 / ANPEd. **Revista Eletrônica de Educação Matemática**, Florianópolis, v. 3, n. 1, p. 62-77, 2008. Disponível em: https://periodicos.ufsc.br/index.php/revemat/article/view/1981-1322.2008v3n1p62. Acesso em: 17 jan. 2020.

ARTIGUE, M.; DOUADY, R.; MORENO, L. **Ingeniería didáctica en educación matemática**: un esquema para la investigación y la innovación en la enseñanza y el aprendizaje de las matemáticas. Bogotá: Una empresa docente & Grupo Editorial Iberoamérica, 1995.

AUSUBEL, D. P.; NOVAK, J. D.; HANESIAN, H. **Psicologia educacional**. 2. ed. Rio de Janeiro: Interamericana, 1980.

CABERO, J. Las TIC y las universidades: retos, posibilidades y preocupaciones. **Revista de la Educación Superior**, México, v. 34, n. 135(3), p. 77-100, jul./sept. 2005.

CHAUI, M. **Convite à filosofia**. São Paulo: Ática, 2000.

CUBAN, L. Problemas recurrentes a los que deben enfrentarse los investigadores cuando estudian la adopción y el uso de las TIC en el aula. *In*: MOMINÓ, J. M.; SIGALÉS, C. **El impacto de las TIC en la educación**: más allá de las promesas. Barcelona: Editorial UOC, 2016. p. 45-72.

FIGUEIREDO, A. M. Ética: origens e distinção da moral. **Saúde, Ética & Justiça**, São Paulo, v. 13, n. 2, p. 1-9, 2008.

KLAUSMEIER, H. J.; GOODWIN, W. Conceitos e princípios. *In*: KLAUSMEIER, H. J.; GOODWIN, W. **Manual de psicologia educacional**: aprendizagem e capacidades humanas. Tradução de Maria Célia Teixeira Azevedo de Abreu. São Paulo: Editora Harper e Row Brasil, 1977. p. 309-345.

LEONTIEV, A. N. Uma contribuição à teoria de desenvolvimento da psique infantil. *In*: VIGOTSKII, L. S.; LURIA, A. R.; LEONTIEV, A. N. **Linguagem, desenvolvimento e aprendizagem**. São Paulo: Ícone, 1988. p. 59-83.

LOMÔNACO, J. F. B. *et al*. Do característico ao definidor: um estudo exploratório sobre o desenvolvimento de conceitos. **Psicologia**: Teoria e Pesquisa, Brasília, v. 12, n. 1, p. 51-60, jan./abr. 1996. Disponível em: https://www.worldcat.org/title/do-caracteristico-ao-definidor-um-estudo-exploratorio-sobre-o-desenvolvimento-de-conceitos/oclc/69849624. Acesso em: 1 out. 2019.

MACHADO, S. D. A. Engenharia didática. *In*: FRANCHI, A. *et al*. **Educação matemática**: uma introdução. São Paulo: EDUC, 1999. p. 197-208.

MENIN, M. S. S. Valores na escola. **Revista Educação e Pesquisa**, São Paulo, v. 28, n. 1, p. 91-100, jan./jun. 2002. Disponível em: http://www.scielo.br/pdf/ep/v28n1/11657.pdf. Acesso em: 14 jan. 2020.

OLIVEIRA, M. B. A tradição roschiana. *In*: OLIVEIRA, M. B.; OLIVEIRA, M. K. (org.). **Investigações cognitivas**: conceitos, linguagem e cultura. Porto Alegre: Artmed, 1999. p. 17-33.

RIOS, T. A. A dimensão ética da aula ou o que nós fazemos com eles. *In*: VEIGA, I. (org.). **Aula**: gênese, dimensões, princípios e práticas. Campinas: Papirus, 2008. p. 73-93.

ROMANÍ, J. C. C. El concepto de tecnologías de la información, **Zer**, Bilbao, v. 14, n. 27, p. 295-318, 2009.

VALENTE, J. A. **A espiral da espiral de aprendizagem**: o processo de compreensão do papel das tecnologias de informação e comunicação na educação. 2005. Tese (Livre Docência) – Instituto de Artes, Universidade Estadual de Campinas, Campinas, 2005. Disponível em: http://www.bibliotecadigital.unicamp.br/document/?code=000857072&opt=4. Acesso em: 21 jan. 2020.

9

O ENSINO E APRENDIZAGEM DOS CONCEITOS DE ÁREA RURAL E URBANA EM ALUNOS DOS ANOS INICIAIS DO ENSINO FUNDAMENTAL: O USO DA PLATAFORMA WORDWALL[41]

Alexandra Rocha Okidoi Felipe

1 Introdução

O ensino da geografia é de suma importância na vida dos estudantes, uma vez que o ambiente se faz presente em sua formação desde os primeiros momentos em que começam a explorar o mundo e a se relacionarem com outras crianças. Dada essa relevância, o ensino de Geografia no Brasil tem comparecido em vários documentos curriculares ao longo dos anos, e "oferece instrumentos essenciais para compreensão e intervenção na realidade social" (Brasil, 1997, p. 67).

Os Parâmetros Curriculares Nacionais (PCN), implantados em 1997, foram posteriormente substituídos por outros documentos curriculares e adaptados a cada um dos estados e municípios brasileiros. O município de Bataguassu/MS, onde se realizou este estudo, não possui seu próprio referencial curricular. Neste caso, é a partir do segundo e do terceiro ano que os conteúdos envolvendo aproximações e diferenças entre a área rural e urbana são trabalhados, conforme indicado na Base Nacional Comum Curricular (BNCC) (Brasil, 2017) e registrados no *Currículo de referência de Mato Grosso do Sul* (MS, 2019, p. 650-651) para o ensino de Geografia.

As pesquisas voltadas para o processo de ensino e aprendizagem da Geografia nos anos iniciais são relevantes, uma vez que podem iluminar os conhecimentos desse campo, contribuindo para a qualidade do ensino na educação básica e uma melhor compreensão da realidade pela

---

[41] Este capítulo é fruto de uma intervenção pedagógica da disciplina Aprendizagem de Conceitos Escolares e as Tecnologias no PPGE/FCT/UNESP.

criança. Como questiona Callai (2005, p. 233): "Ao chegar à escola, ela vai aprender a ler as palavras, mas qual o significado destas, se não forem para compreender mais e melhor o próprio mundo?"

Uma das justificativas deste estudo leva em conta que o foco do trabalho do professor dos anos iniciais deve ser a alfabetização e o letramento, cujas atividades devem ser desenvolvidas valendo-se de textos diversificados, inclusive os relativos à Geografia. A pesquisa justifica-se também pela importância de se trabalhar o ensino e aprendizagem de conceitos, no caso, da disciplina de Geografia, desde os primórdios do ensino fundamental, assim como pela relevância dos conhecimentos da área para a formação dos professores, cuja formação inicial não tratou de forma aprofundada tais aspectos. Como mencionam Nacarato, Mengali e Passos (2009, p. 35), "é impossível ensinar aquilo sobre o que não se tem um domínio conceitual".

Sendo assim, a intervenção descrita neste texto tem como objetivo investigar o ensino e aprendizagem dos conceitos de área rural e de área urbana com crianças de 6 a 8 anos de idade, em turma do primeiro ano de uma escola municipal do interior de Mato Grosso do Sul, utilizando como recurso disponível a plataforma Wordwall.

2 Fundamentos teóricos sobre formação e aprendizagem de conceitos

Muitos autores têm contribuído de várias formas para compreender a formação e aprendizagem de conceitos.

Para Piaget (1971), a formação de conceitos está relacionada à construção das estruturas lógicas que se dá ao longo do desenvolvimento da criança em etapas que se caracterizam por um processo de adaptação, realizado por esquemas de ação de diferentes níveis: sensório-motor, representativo, operatório concreto e lógico formal. O conceito propriamente dito comparece com o advento das operações que são ações reversíveis e interiorizadas. Para o autor, a formação de um conceito ocorre quando os processos internos de assimilação e acomodação são capazes de construir regularidades para o que é preciso diferenciar aspectos contingentes ou aleatórios dos aspectos necessários, que são os essenciais e invariáveis na definição da natureza de um objeto.

Para Vygotsky (1991), a formação de conceitos também é um processo longo, com várias etapas, e acontece pela mediação social e transmissão dos conhecimentos. Distingue conceitos espontâneos dos científicos, os quais são desenvolvidos por meio de uma ação intencional, como a da escola. De modo geral, ele os classifica em complexos e abstratos. No primeiro, que é a fase inicial da formação do ser humano, a criança agrupa objetos segundo associações concretas e tangíveis. Segundo Vygotsky (1991, p. 53), "as ligações entre seus componentes são concretas e factuais e não abstratas e lógicas". Já no aspecto abstrato, a criança consegue entender e manipular ideias abstratas e gerais, o que acontece geralmente pela mediação social e pela linguagem.

Ausubel (1963 *apud* Moreira *et al.*, 1999, p. 128) propõe a teoria da aprendizagem significativa:

> Para Ausubel, aprendizagem significativa é um processo através do qual uma nova informação relaciona-se com um aspecto relevante da estrutura de conhecimento do indivíduo. Ou seja, este processo envolve a interação da nova informação com uma estrutura de conhecimento específica, a qual Ausubel define como conceitos subsunçores, ou, simplesmente, subsunçores, já existente na estrutura cognitiva do indivíduo. A aprendizagem significativa ocorre quando a nova informação ancora-se em conceitos relevantes preexistentes na estrutura cognitiva do aprendiz.

Ausubel destaca a importância dos conhecimentos prévios, ou subsunçores, como condicionantes da aprendizagem de conceitos. Esta está relacionada à capacidade do aluno de distinguir aspectos substantivos e arbitrários de um conjunto de ideias. Os aspectos substantivos são elementos estruturados e relacionados logicamente com outros conceitos no campo cognitivo do aprendiz. Por outro lado, os arbitrários constituem elementos que precisam ser memorizados, por serem específicos, e não necessariamente conectados de forma lógica com outros conceitos.

No campo dos autores que se dedicam especificamente às pesquisas sobre formação de conceitos, destacamos os trabalhos de Keil (1989 *apud* Lomônaco *et al.*, 1996).

Lomônaco *et al.*, considerando as investigações de Keil, definiram:

> Embora ainda estejamos muito longe de uma definição de conceito universalmente aceita pelos psicólogos – o conceito de conceito – existe uma ampla concordância entre eles de que os conceitos constituem um determinado tipo de

agrupamento cognitivo – uma representação mental – que possibilita ao organismo reduzir drasticamente a complexidade do ambiente. (Lomônaco *et al.*, 2001, p. 161).

Keil (1989 *apud* Lomônaco *et al.*, 1996) propôs uma abordagem teórica dos conceitos, na tentativa de superar abordagens anteriores, como a clássica e a prototípica. Para Lomônaco *et al.* (2001), tais concepções apresentavam alguns problemas, tais como: ausência de atributos definidores específicos; categorias com exemplos duvidosos ou incertos; limites das categorias mal definidos; diferença de representatividade de um dos membros e rejeição da noção de atributos definidores e sua substituição.

Segundo Keil (1989 *apud* Lomônaco *et al.*, 2001), os conceitos podem ser classificados em três espécies: naturais, nominais e artefatos. Os da espécie natural são regidos por um conjunto de leis que se aplica a todos. Os nominais, por sua vez, são os casos de convenções da sociedade de forma simples. E os artefatos, os que nomeiam objetos produzidos pelo homem.

Em qualquer dos casos, o conceito se forma, segundo o autor, quando os atributos característicos e definidores são distinguidos pelo sujeito. Os definidores são atributos essenciais que lhe determinam a natureza. Os característicos ajudam a identificar e diferenciar categorias de objetos ou conceitos, mas não os definem.

Como podemos observar, embora os autores descrevam as características do conceito com termos próprios, todos eles se referem a operações de pensamento que são similares, ou seja, há uma afinidade entre contingente, associações concretas e arbitrário, assim como entre necessário, lógico abstrato e substantivo.

3 As tecnologias como dispositivos para o ensino e aprendizagem de conceitos

As tecnologias trouxeram para a sociedade inúmeras mudanças em todos os espaços, inclusive no ambiente escolar. Essas transformações nos apresentaram novas ferramentas, que vêm sendo utilizadas pelos docentes como recursos metodológicos para o processo de ensino e aprendizagem, muito embora nem sempre da maneira mais adequada.

Valente (2005) apresentou uma abordagem diferenciada sobre o uso das tecnologias para o ensino e aprendizagem com base nas abordagens interacionistas, para as quais o desenvolvimento e a aprendizagem se dão conforme a relação do sujeito com o meio. Mais especificamente, ele se inspirou nos trabalhos de Papert (1960 *apud* Valente (2005), e expôs o que chamou de ciclo de ações na interação aprendiz-computador, que tem sido identificado como ciclo descrição-execução-reflexão-depuração, etapas que se repetem continuamente durante o processo de aprendizagem com o uso de computadores.

Primeiro, o aprendiz descreve a solução do problema usando uma linguagem de programação. Em seguida, o computador executa essa descrição, apresentando os resultados na tela. O aprendiz então reflete sobre os resultados comparando-os com suas expectativas e intenções originais. Com base nessa reflexão, ele pode depurar ou corrigir seu programa para alinhar melhor os resultados com a sua intenção, ou seja, é a fase em que o aluno pode registrar a resposta e refletir sobre ela, possibilitando a correção do erro. Esse ciclo se repete, com cada versão do programa servindo como uma explicitação do raciocínio do aprendiz, facilitando a construção de conhecimento por meio de uma linguagem precisa e formal.

Na continuidade dos seus estudos, foram também surgindo novas ideias/sugestões no sentido de melhorá-los. Inicialmente, buscava demonstrar como se dá a construção do conhecimento na programação, o que contribuiu de forma mais significativa como base para análise de softwares de uso na educação. Os ciclos propostos pelo autor em 1991 foram em 2001 apresentados como espiral de aprendizagem. A ideia de espiral de aprendizagem retrata de forma mais completa o processo de construção do conhecimento, já que ele é dinâmico, processual e constante.

Para Valente (2005), é importante que o educador busque conhecer as características que as tecnologias apresentam para definir a melhor programação para determinada situação pedagógica e como explorá-la. Cabe ao professor a decisão sobre a escolha do recurso, sabendo que é preciso cuidar para, independentemente da tecnologia utilizada, as etapas do ciclo serem desenvolvidas.

4 Análise do conceito

Considerando o avanço das tecnologias, ficou evidente a divisão entre a área rural e a área urbana, pois o campo está se modernizando. Isso acontece devido a mudanças tecnológicas que conseguiram estreitar, por exemplo, meios de comunicação na área rural (internet, telefone celular, TV a cabo, computadores, entre outros).

Entretanto, as paisagens são diferentes, de modo que daremos ênfase à premissa de que, quando acaba o modo de vida urbano, começa o modo de vida rural.

Tauscheck (2020, p. 169) esclarece que

> A expressão "do campo para a cidade", remete à ideia de evolução, desenvolvimento e, consequentemente, de modernização de um espaço para outro. Parece fazer-se presente a força de uma tradição que coloca o rural como o simples, o atrasado, sujeitos com modos de vidas presos ao passado tecnológico, e o urbano, como o moderno, o lugar do desenvolvimento, do novo.

Sabemos que, com o avanço da tecnologia, muitos locais considerados como área rural possuem qualidade de tecnologia superior à de muitas cidades do interior. Nesse sentido, do ponto de vista conceitual, consideramos elemento definidor a visão do campo como lugar de plantio, cultivo e pastagens de animais; e a área urbana como área com elevado adensamento populacional e formação de habitações muito próximas.

O Instituto Brasileiro de Geografia e Estatística (IBGE) é um órgão que promove debates para aprimorar esse conceito, tendo em vista as mudanças geográficas que ocorrem. Dessa forma, busca intencionalmente criar uma classificação mais precisa e uniforme, dada a intensa transformação da área rural. Para tanto, criou um manual da base territorial no qual classifica a área urbana e rural. A área urbana seria

> [...] interna ao perímetro urbano, criada através de lei municipal, seja para fins tributários ou de planejamento urbano (Plano Diretor, zoneamento etc.). Para as cidades ou vilas onde não existe legislação que regulamente essas áreas, deve-se estabelecer um perímetro urbano para fins de coleta censitária cujos limites devem ser aprovados oficialmente pela prefeitura municipal (área urbana para fins estatísticos). (IBGE, 2014, p. 21).

Por sua vez, área rural "é aquela que não foi incluída no perímetro urbano por lei municipal. Caracteriza-se por uso rústico do solo, com grandes extensões de terra e baixa densidade habitacional. Incluem campos, florestas, lavouras, pastos etc." (IBGE, 2014, p. 22).

5 Metodologia

A pesquisa realizada está ancorada na abordagem qualitativa, no sentido de que os dados foram coletados pelo pesquisador em contato direto com os participantes do estudo (André, 2013). A modalidade de investigação se caracteriza como pesquisa do tipo intervenção pedagógica, que envolve planejamento e implementação de atividades, tendo em vista a produção de avanços no processo de aprendizagem (Damiani *et al.*, 2013).

Após autorização da gestão escolar, a presente proposta de intervenção trabalhou o conceito área rural e área urbana com crianças na faixa etária de 6 a 8 anos, do primeiro ano do ensino fundamental de uma escola pública municipal do interior de Mato Grosso do Sul[42]. As atividades aconteceram durante três momentos: o primeiro no pátio da escola, o segundo em sala de aula e o último na sala de tecnologia. Trata-se de uma escola nova, com uma sala de tecnologia totalmente equipada para atender em torno de 30 crianças/computador.

No primeiro momento, os discentes foram convidados para, no pátio da escola, realizar o plantio de uma muda (arbusto) de acerola. A atividade foi organizada de forma que todos pudessem participar, conforme Figura 9.1.

Figura 9.1 – Plantio de uma muda de acerola

Fonte: acervo pessoal (2022)

Após o retorno à sala de aula (segundo momento), conversamos sobre a experiência e perguntamos quem já havia realizado um plantio de árvore. Para

---

[42] A maioria dos participantes não frequentou as salas de aula da educação infantil em virtude da pandemia de covid-19, nos anos de 2020 e 2021.

nossa surpresa, a maioria das crianças nunca havia participado de nenhuma espécie de plantio. O objetivo foi estimular as crianças a pensarem sobre seu local de moradia, seu entorno e, sobretudo, o local onde se plantam árvores.

Tendo em vista a compreensão da sua realidade, a importância de reconhecer o lugar é confirmado por Santos (1994, p. 121):

> Para ter eficácia, o processo de aprendizagem deve, em primeiro lugar, partir da consciência da época em que vivemos. Isto significa saber o que o mundo é e como ele se define e funciona, de modo a reconhecer o lugar de cada país no conjunto do planeta o de cada pessoa no conjunto da sociedade humana. É desse modo que se podem formar cidadãos conscientes, capazes de atuar no presente e de ajudar a construir o futuro.

Já conhecendo os endereços das crianças, solicitamos que alguns estudantes que residiam na área urbana descrevessem como era o seu bairro. O fato de descreverem alguns pontos de referências possibilitou que colegas conseguissem se localizar. Em seguida, convidamos individualmente os alunos que residiam na área rural para que descrevessem a sua realidade. Todos falaram sobre sua rotina, local, brincadeiras em casa, outros espaços, tendo em vista a importância desses momentos de escuta das suas vivências.

Segundo Nascimento (2007, p. 30),

> Considerar a infância na escola é grande desafio para o ensino fundamental, pressupõe considerar o universo lúdico, os jogos e as brincadeiras como prioridade, definir caminhos pedagógicos nos tempos e espaços da sala de aula que favoreçam o encontro da cultura infantil, valorizando as trocas entre todos que ali estão, em que as crianças possam recriar as relações da sociedade na qual estão inseridas, possam expressar suas emoções e formas de ver e de significar o mundo, espaços e tempos que favoreçam a construção da autonomia.

A intenção desse momento era estimular os alunos a pensarem, criarem ideias e compararem os locais de moradias como forma de compreender suas realidades, possibilitando que a ação educativa gerasse novos conhecimentos.

Em seguida, eles começaram a se questionar sobre se onde moravam não havia as características citadas pelos alunos da área rural, ou a relacionar algumas coisas em comum, como, por exemplo, a presença de tratores.

Foi ainda realizada uma discussão sobre o que compreendiam sobre os conceitos de "área rural e área urbana". Sobre área rural, as respostas iniciais foram do seguinte teor: "é a fazenda" "é onde moram os alunos dos ônibus das fazendas". Em seguida, questionamos sobre o que existe nos locais onde moram as crianças da área rural, e eles responderam: "onde tem roça", "onde tem bastante árvores", "onde tem mato", "onde tem bastante espaço", "onde tem muitos cavalos, bois, vacas, galinhas", "onde tem cerca de choque para não roubar boi e galinha", "onde tem um rio grande", "rio pequeno", "onde tem rio raso", "rio fundo", "onde tem poucas casas", "onde tem muitas casas", "onde tem trator", "onde tem pouca gente", "onde dá pra soltar pipa", "onde tem plantação", "tem celular".

Ao serem questionados sobre o conceito de área urbana, mencionaram ser: "onde tem muitas casas", onde tem casa colada", "onde tem muita gente", "onde tem bastante carro", "onde tem praça/hospital/igreja", "onde tem parquinho para brincar", "onde tem trator", "onde tem celular". Na lousa, a pesquisadora realizou os registros das falas das crianças, separando-as por colunas (área rural e área urbana). Algumas crianças também pediram para participar com desenhos.

Figura 9.2 – Elementos que constituem as áreas urbana e rural

Fonte: acervo pessoal (2022)

De certa forma, as crianças mencionaram alguns aspectos definidores dos conceitos de área rural e área urbana, ao mesmo tempo que faziam alguns questionamentos, como a discussão sobre o fato de trator e celulares estarem presentes na área rural e na área urbana. É relevante mencionar que, baseados nas próprias vivências, os estudantes da área rural tentavam mostrar que nesta também havia características da área urbana e vice-versa, conforme Figura 9.2.

O terceiro momento da intervenção se deu na sala de tecnologia, na qual os alunos foram convidados a realizar a atividade no Wordwall[43].

Figura 9.3 – Imagem retirada da plataforma Wordwall

Fonte: plataforma Wordwall (2022)

O software Wordwall, mencionado na Figura 9.3, em inglês, "parede de palavras", é uma plataforma usada para criar atividades que podem ser interativas (reproduzidas de qualquer dispositivo conectado com a web: telefone, tablet, computador etc.) e também imprimíveis. A plataforma possui uma versão gratuita, e tem sido muito utilizada.

A escolha dessa plataforma aconteceu primeiramente devido à possibilidade de trabalhar a utilização de poucas palavras, pois trata-se de uma turma em fase de alfabetização. Além disso, buscamos um software que proporcionasse a análise de erros e acertos, importantes elementos no processo de aprendizagem.

---

[43] Disponível em: https://wordwall.net/pt. Acesso em: 2 mar. 2024.

Figura 9.4 – Alunos organizando as imagens na plataforma

Fontes: acervo pessoal (2022) e plataforma Wordwall (2022)

A atividade selecionada foi classificação de grupo — área urbana e área rural[44]. A proposta consistiu em classificar as imagens que são disponibilizadas (seis no total) nos seus respectivos grupos: área rural ou área urbana. O estudante deveria arrastar a imagem escolhida e soltá-la no grupo correspondente. Após clicar "enviar respostas", a plataforma traz os erros e os acertos. Como demonstração, apresentamos uma situação ilustrativa. Inicialmente, devido à euforia da atividade, não foi possível registrar o momento.

Figura 9.5 – Erros e acertos

Fonte: plataforma Wordwall (2022)

É interessante a reflexão que a plataforma possibilita sobre o erro e também a oportunidade de corrigir respostas (Figura 9.5), além de registrar a tabela de classificação com os pontos obtidos[45]. Os alunos rapidamente entenderam e realizaram as tarefas de forma correta, sob a orientação da pesquisadora. A avaliação da aula pelos alunos foi positiva, havendo a solicitação para que outras atividades fossem desenvolvidas.

---

[44] Disponível em: https://wordwall.net/pt/resource/4055557/zona-urbana-e-zona-rural. Acesso em: 2, mar. 2024.
[45] Esse recurso não foi explorado, por não fazer parte do objetivo do estudo.

Figura 9.6 – Comemoração do "acerto"

Fonte: acervo pessoal (2022)

6 Análise dos resultados

Para a descrição dos resultados, utilizamos as orientações de Bardin (2011), que nos ensina que a análise dos conteúdos coletados pode ser organizada em três etapas.

Na primeira, denominada de pré-análise, acontece a escolha dos documentos utilizados na pesquisa, a formulação das hipóteses, dos objetivos e, por fim, a elaboração de indicadores, o que foi realizado antes da intervenção.

A segunda etapa refere-se à organização do conteúdo conforme a exploração do material coletado. Este se refere às respostas dos alunos aos questionamentos da pesquisadora sobre "Alguém já plantou alguma árvore? Onde localizamos a maior quantidade de árvores? O que encontramos na área rural e na urbana?" As falas dos alunos foram importantes como forma de escutar os estudantes e suas histórias, além de favorecerem a compreensão dos seus conhecimentos prévios.

Durante a aplicação da sequência didática da intervenção, que ocorreu primeiro na sala de aula e depois na sala de informática, foram coletadas as respostas dos alunos nas atividades previstas na plataforma.

Na terceira etapa, segundo Bardin (2011), deve ocorrer o tratamento dos resultados. Inicialmente, as crianças misturavam características das áreas rural e urbana, dificultando a definição de pontos específicos. A plataforma auxiliou na distinção, mostrando que características comuns, como presença de mata, tratores e celulares, não eram definidoras. Com a discussão os alunos começaram a perceber que diferenciadores reais são exclusivos de uma área, como a extensa plantação na área rural e a densidade populacional na área urbana Algumas crianças já identificavam essas distinções, e a plataforma ajudou a corrigir erros e entender as diferenças existentes entre as áreas.

Relacionando as atividades propostas nessa etapa ao ciclo de ações de Valente (2005), foi possível observar a reflexão, a construção e a reconstrução dos sujeitos com relação aos conceitos iniciais.

Na análise de erros, os alunos, no momento de realização da atividade na sala de informática, conseguiram observar seus erros, quando analisavam as respostas, até mesmo mostrando e refazendo a tarefa, o que é permitido pela própria plataforma. Foi solicitado que cada criança fizesse pelo menos três rodadas do jogo para observar os números de acertos que eram comemorados. A maioria das crianças conseguiu estabelecer a diferença entre os aspectos definidores dos conceitos de área rural e urbana. Como cita Valente (2005, p. 74), o erro é "uma oportunidade única para o aprendiz entender o que está fazendo e pensando".

A plataforma Wordwall possibilitou, de forma simples, a verificação do erro e também a sua correção. Teixeira (2000, p. 3) cita que "Erro é sinal de informação incompleta, portanto, geradora de questionamentos". Neste trabalho, ficou claro que o erro consistiu numa oportunidade de reflexão.

Alguns alunos, ao iniciar a atividade, mesmo com orientação da pesquisadora, não esperaram a verificação dos resultados por esta. Nesse sentido, o trabalho poderia ter sido mais eficaz, se a aplicação tivesse acontecido com um número menor de alunos, para que houvesse a possibilidade de realizar uma reflexão mais aprofundada com cada um e também coletivamente.

7 Considerações finais

O presente trabalho demonstrou indícios de que a abordagem utilizada para a construção dos conceitos de área rural e área urbana obteve um resultado relevante. De certa forma, as crianças tinham como conhecimentos prévios noções desses conceitos, o que foi valorizado durante o desenrolar da pesquisa.

A pesquisa também indicou que os sujeitos começaram a discutir e defender, com base nas próprias vivências, os aspectos característicos e definidores dos referidos conceitos.

Assim, o trabalho realizado cumpriu o papel de abrir espaço para conversas, pois valorizou a história de cada sujeito, que procurou descrever de forma positiva o seu entorno, fosse na área rural, fosse na urbana.

A plataforma tecnológica utilizada desempenhou um papel crucial nos resultados da pesquisa, pois permitiu alcançar o objetivo de explorar os conceitos de área urbana e área rural por meio da interação com a tecnologia. Isso proporcionou uma oportunidade para refletir sobre os erros cometidos. Ficou claro que, mesmo tendo entre 6 e 8 anos, não se pode excluir as crianças da experiência de conhecer o mundo, como bem nos ensina Straforini (2001, p. 56-57):

> Não se espera que uma criança de sete anos possa compreender toda a complexidade das relações do mundo com o seu lugar de convívio e vice-versa. No entanto, privá-las de estabelecer hipóteses, observar, descrever, representar e construir suas explicações é uma prática que não condiz mais com o mundo atual e uma Educação voltada para a cidadania.

Para nossa surpresa, a experiência com as crianças de 6 a 8 anos superou as expectativas, pois elas não só conseguiram realizar a atividade proposta, como discutiram e defenderam os aspectos que consideravam definidores e característicos de cada área.

Referências

ANDRÉ, M. **Etnografia da prática escolar**. São Paulo: Papirus Editora, 2013.

BARDIN, L. **Análise de conteúdo**. São Paulo: Edições 70, 2011.

BRASIL. Ministério da Educação. **Base nacional comum curricular**. Brasília: MEC, 2017. Disponível em: http://basenacionalcomum.mec.gov.br/images/historico/RESOLUCAOCNE_CP222DEDEZEMBRODE2017.pdf. Acesso em: 12 jun. 2024.

BRASIL. Ministério da Educação. Secretaria de Educação Fundamental. **Parâmetros curriculares nacionais**: geografia. Brasília: MEC, 1997. Disponível em: http://portal.mec.gov.br/seb/arquivos/pdf/livro051.pdf. Acesso em: 12 jun. 2024.

CALIAI, C. H. Educação geográfica e as teorias de aprendizagens. **Caderno Cedes**, Campinas, v. 25, n. 66, p. 129-272, maio/ago. 2005. Disponível em: https://www.cedes.unicamp.br/. Acesso em: 12 out. 2022.

DAMIANI, M. F. *et al*. Discutindo pesquisas do tipo intervenção pedagógica. **Cadernos de Educação**, Pelotas, n. 45, p. 57-67, 2013.

INSTITUTO BRASILEIRO DE GEOGRAFIA E ESTATÍSTICA (IBGE). **Classificação e caracterização dos espaços rurais e urbanos no Brasil**. Rio de Janeiro: IBGE, 2014. Disponível em: https://biblioteca.ibge.gov.br/visualizacao/livros/liv100643.pdf. Acesso em: 19 jun. 2024.

KLAUSMEIER, H. J.; GOODWIN, W. **Manual de psicologia educacional**: aprendizagem e capacidades humanas. Tradução de Maria Célia T. A. de Abreu. São Paulo: Harper & Row do Brasil, 1977.

LOMÔNACO, J. F. B. *et al*. Desenvolvimento de conceitos: o paradigma das transformações. **Psicologia**: Teoria e Pesquisa, Brasília, v. 17, n. 2, p. 161-168, mai./ago. 2001.

LOMÔNACO, J. F. B. *et al*. Do característico ao definidor: um estudo exploratório sobre o desenvolvimento de conceitos. **Psicologia**: Teoria e Pesquisa, Brasília, v. 12, n. 1, p. 51-60, jan./abr. 1996.

MATO GROSSO DO SUL. Secretaria de Estado de Educação. **Currículo de referência de Mato Grosso do Sul**. Campo Grande: SED, 2019. Disponível em: https://www.sed.ms.gov.br/wp-content/uploads/2019/09/curriculo_ms_109.pdf. Acesso em: 10 maio 2024.

MOREIRA, M. A. A teoria de aprendizagem de David Ausubel. *In*: MOREIRA, M. A. *et al*. **Aprendizagem**: perspectivas teóricas. Porto Alegre: Artmed, 1999. p. 127-143

NACARATO, A. M.; MENGALI, B. L. S.; PASSOS, C. L. B. **A matemática nos anos iniciais do ensino fundamental**: tecendo fios do ensinar e do aprender. Belo Horizonte: Autêntica, 2009.

NASCIMENTO, A. M. **A infância na escola e na vida**: uma relação fundamental. 2. ed. Brasília: Leograf, 2007.

PIAGET, J. Desenvolvimento e aprendizagem. *In*: PANCELLA, J. R.; NESS, J. S. V. **Studying teaching**. Englewood Cliffs, NJ: Prentice-Hall, 1971.

SANTOS, M. **Técnica, espaço e tempo**: globalização e meio técnico-científico informacional. São Paulo: Hucitec, 1994.

STRAFORINI, R. **Ensinar geografia nas séries iniciais**: o desafio da totalidade mundo. 2001. Dissertação (Mestrado em Geociências) – Instituto de Geociências, Universidade Estadual de Campinas, Campinas, 2001.

TAUSCHECK, N. M. **Livro didático de geografia**: o conceito de lugar e as relações entre campo e cidade Curitiba. 2020. Tese (Doutorado em Geografia) – Universidade Federal do Paraná, Curitiba, 2020.

TEIXEIRA, L. R. M. Dificuldades e erros na aprendizagem da matemática. *In*: ENCONTRO PAULISTA DE EDUCAÇÃO MATEMÁTICA, 7., 2004, USP/SP. **Anais** […]. São Paulo: SBEM, 2004. p. 1-15.

VALENTE, J. A.**A espiral de aprendizagem**: o processo de compreensão do papel das tecnologias de informação e comunicação na educação. 2005. 232f. Tese Livre Docência) - Instituto de Arte, Universidade Estadual de Campinas, Campinas, 2005.

VYGOTSKY, L. S. **Pensamento e linguagem**. São Paulo: Martins Fontes, 1991.

SOBRE OS AUTORES

Aletheia Machado de Oliveira é doutora em Educação pela Faculdade de Ciências e Tecnologia da Universidade Estadual Paulista "Júlio de Mesquita Filho" (FCT/UNESP), Presidente Prudente; mestra em Educação pela Pontifícia Universidade Católica de Minas Gerais; professora da educação básica de Juiz de Fora, curso de Pedagogia.
E-mail: aletheiaoliveirajf@gmail.com
Orcid: 0000-0002-1058-0817

Alexandra Rocha Okidoi Felipe é mestra em Educação pela FCT/UNESP, Presidente Prudente; professora da rede pública de educação básica do município de Bataguassu/MS.
E-mail: alexandra.okidoi@unesp.br
Orcid: 0000-0002-2079-1095

Analígia Miranda da Silva é doutora e mestra em Educação pela FCT/UNESP, Presidente Prudente; professora adjunta na Universidade Federal de Mato Grosso do Sul (UFMS), Pantanal, Colegiado de Pedagogia.
E-mail: analigia.miranda@ufms.br
Orcid: 0000-0002-3232-323

Andressa Florcena Gama da Costa é doutora e mestra em Educação pela FCT/UNESP, Presidente Prudente; professora do curso de Pedagogia da UFMS, Três Lagoas.
E-mail: andressa.fg.costa@ufms.br
Orcid: 0000-0001-8402-7865

Carina Mendes Barboza é mestra em Educação pela FCT/UNESP, Presidente Prudente; professora de Língua Portuguesa da Secretaria da Educação do Estado de São Paulo.
E-mail: carinamendes@prof.educacao.sp.gov.br; carina.mb@hotmail.com
Orcid: 0000-0001-8065-7720

Carlos Willian Zanelato Souza é doutorando e mestre em Educação pela Universidade do Oeste Paulista (UNOESTE); especialista em Docência e Gestão do Ensino Superior pela mesma universidade; graduado em Enfermagem pela Faculdade de Presidente Prudente (FAPEPE). Atua como docente na FAPEPE e no Serviço Nacional de Aprendizagem Comercial (SENAC).

E-mail: willian.zanelato@outlook.com

Orcid: 0000-0002-0892-7180

Clóvis da Silva Santana é mestre em Educação pela FCT/UNESP, Presidente Prudente. Atua como delegado de polícia assistente na Corregedoria Geral da Polícia Civil - 8ª Corregedoria Auxiliar de Presidente Prudente.

E-mail: clovisss@itelefonica.com.br

Orcid: 0000-0002-9622-6236

Joyce Galdino Gomes é mestra em Educação pela FCT/UNESP, Presidente Prudente.

E-mail: joyceg1@gmail.com

Orcid: 0009-0001-2845-2469

Juliane do Nascimento Mosquini é doutora em Educação pelo Programa de Pós-Graduação em Educação (PPGE) da FCT/UNESP. Coordenadora pedagógica na rede municipal de Pompeia/SP.

E-mail: ju_nsc@hotmail.com

Orcid: 0000-0003-4518-8409

Júlio César David Ferreira é doutor em Educação pela Universidade Federal do Paraná (UFPR) e mestre em Educação pela FCT/UNESP, Presidente Prudente. Professor da UFPR.

E-mail: ferreirajcd@ufpr.br

Orcid: 0000-0002-9493-161

Klinger Teodoro Ciríaco é doutor em Educação pelo PPGE/FCT/UNESP. Professor adjunto no Departamento de Teorias e Práticas Pedagógicas da Universidade Federal de São Carlos (UFSCar).

E-mail: klinger.ciriaco@ufscar.br

Orcid: 0000-0003-1694-851

Laízi da Silva Santos é doutoranda em educação pela FCT/UNESP, Presidente Prudente; especialista em Psicanálise pela Universidade Dom Alberto; graduada em Psicologia pela Faculdade da Alta Paulista (FAP). Atua como docente na Fundação Dracenense de Educação e Cultura (FUNDEC).

E-mail: laiziss@gmail.com

Orcid: 0000-0002-0169-2497

Marciana María Córdoba Mercado é doutora em Educação pela FCT/UNESP, Presidente Prudente; mestra em Tecnologia Educativa e Meios Inovadores pela Universidade Autónoma de Bucaramanga (Colômbia) e pelo Instituto Tecnológico e de Estudos Superiores de Monterrey (Universidade TecVirtual).

E-mail: marciacordobamercado@gmail.com

Orcid: 0000-0002-3619-0200

Maria Cecília Fonçatti é doutora em Educação e mestra em Matemática Aplicada e Computacional pela FCT/UNESP, Presidente Prudente.

E-mail: maria.foncatti@unesp.br

Orcid: 0000-0002-1623-1191

Patrícia Regina de Souza é pedagoga, mestra e doutora em Educação pela FCT/UNESP, Presidente Prudente. Tem experiência na área de educação, com ênfase no ensino e aprendizagem da língua portuguesa, atuando principalmente nos seguintes temas: ensino de ortografia, produção textual, regularidades e irregularidades ortográficas e variação linguística. Professora - PEB I da Prefeitura Municipal de Rancharia/SP.

E-mail: patyysouza650@gmail.com

Orcid: 0000-0003-1826-5819

Rita de Cássia Boscoli Soler Morete é mestra em Educação pela FCT/UNESP, Presidente Prudente. Atua como professora efetiva na Secretaria de Educação do Estado de São Paulo, Centro Estadual de Educação de Jovens e Adultos de Presidente Prudente.

E-mail: rita.morete@ibest.com.br

Orcid: 0000-0002-0777-3319

Rosemara Perpetua Lopes é doutora e mestra em Educação pela FCT/UNESP, Presidente Prudente. Professora da Faculdade de Educação da Universidade Federal de Goiás (UFG), Goiânia. Professora credenciada ao Programa de Pós-Graduação em Educação em Ciências e Matemática da UFG.

E-mail: rosemaralopes@ufg.br

Orcid: 0000-0002-5498-2025

Sidinei de Oliveira Sousa é doutor e mestre em Educação pela FCT/UNESP, Presidente Prudente. Atua como professor no Centro Estadual de Educação Tecnológica Paula Souza e na Faculdade de Informática de Presidente Prudente (UNOESTE). Lotado no Programa de Mestrado e Doutorado em Educação da UNOESTE como professor permanente.

E-mail: sidinei@unoeste.br

Orcid: 0000-0001-7101-8214

Thaisa Sallum Bacco é doutora em Educação pela FCT/UNESP, Presidente Prudente; mestra em Comunicação pela Universidade Estadual de Londrina (UEL); professora da UNOESTE, Presidente Prudente.

E-mail: thaisa@unoeste.br

Orcid: 0000-0002-4554-7929